青春文庫

肩甲骨リセットで「背中」と「おしり」が面白いほどやせる!

長坂靖子

JN211315

青春出版社

はじめに――背中とおしり、両方やせるには「肩甲骨《けんこうこつ》」を意識！

1回のレッスンでウエストマイナス4cmも実現！

「長坂先生！　この間、『モデルさんですか？』って声をかけられたんです!!」

こんな報告をしてくれたのは、私のサロンに通う40代の主婦の方。

生徒さんからの嬉しい報告を聞くたび、私も飛び上がるほど喜んでしまいます。

ウォーキング教室では、１時間のレッスンでウエストマイナス４cm、足首マイナス２cmなんていう、スゴイ効果を出される方もいます。

そんな成果を通して、私が実感したのが、**「肩甲骨」って、美しい身体をつくるために、一番大事!!**　ということ。肩甲骨を動かすことで、こり固まった筋肉をほぐし、全身に〝美〟の血液を流す。するとどんどんやせ体質に変わっていく――。

肩甲骨を意識して歩くだけでこんなに効果があるなら、もっと肩甲骨にフォーカスしてみよう！　そう思ったのがきっかけで、私は〝肩甲骨ダイエット〟を考案しました。すると、さらに大反響！　嬉しい結果がどんどん舞い込んできたのです。これは、もっと多くの方にお伝えするしかない！　と考えました。

肩甲骨って、どこにあるか知っていますか？

肩甲骨は、背骨の上部を左右に挟んだ位置にあります。

この部分が余計なお肉で埋まっていたり、やせていても立体的な形をしていなかったり、不摂生《ふせっせい》でリンパの流れが滞り、肩甲骨周辺に吹き出物ができていたり……。そんな背中は、見た目に美しくないばかりではなく、全身の動きや美容効果を妨げる要因になるのです。

肩甲骨を正しく動かすと「骨盤」も連動して動き始めます。骨盤は身体の中心部に位置する上半身と下半身をつなぐ、重要な部分。でも、骨盤を意識するだけでは、美しい全身をつくることにはつながらないのです。

骨盤が整っているのに肩甲骨を動かせないということは、たとえるなら、良い車を持っているのに運転方法が分からないような、宝の持ち腐れです。もう肩甲骨を動かさない手はないでしょう！

無表情なバックスタイルに表情をつけるのが肩甲骨＆ヒップ

私はサロンの生徒さんたちに「朝起きたら、まず、鏡で姿勢をチェックしましょう」と指導しています。

寝ている間は、身体は左右どちらかに傾いた体勢になりがちです。私自身は、いつも右半身を下に向けて寝ているので、寝ている間に顔の右側にゆがみができます。

鏡を見るとき、たいていは「正面」から見ますよね。正面には、顔のパーツや胸やおへそがついていて「表情」があります。でも、後ろ姿って、もともと表情がないんです。その分、自分で努力してつくろうとしないと、無表情なバックスタイルになってしまいます。そこで表情をつくるパーツになるのが、肩甲骨とヒップというわけです。

肩甲骨ダイエットのやり方は簡単。

まずは、姿勢を整え、日常動作であるウォーキング（歩き方）を意識することからスタート。そこに、ストレッチやエクササイズをいくつか組み合わせればよいのです。

そうした日々の積み重ねは、確実にあなたをやせ体質に変えていきます。

肩甲骨を意識すると、まず、次第に背中が立体的なラインを描くようになります。別名「天使の羽」といわれる肩甲骨が浮き出て陰影をつくり、次に背骨の溝による「ビーナスライン」がなだらかに走り、その下には骨盤をベースにした「ハート形のヒップ」が出現し、美しい後ろ姿をつくりだします。

そこまで背面が整えられると、背中が輝きを放つようになります。いわゆる「美の後光」がさす女になるのです。セルライトだらけの背肉、ブラ上のハミ肉、手入れの行き届いてない素肌では、決して「美の後光」はさしません。

バックラインという、見えないパーツを意識するその精神が定着するころには、あなたの美の後光は、単なる光を発する「外見的なこと」だけではなく、「御幸《ごこう》」つまり、「幸せ」も一緒に連れてきてくれる「幸せ体質」になっているはずです。

美背中をつくる7か条

①背中に「天使の羽」が出ていて、よく動く

胸が閉じて背筋が曲がっていると肩甲骨のラインがぼやけてしまいます。

また、腕を動かしたときに肩甲骨がよく動くことも重要です。

肩甲骨を動かさないと背中の筋肉が使われないため、背中に脂肪や老廃物がたまりやすくなります。

逆に、**背中にはカロリー消費に関わる筋肉がたくさんあるので、背中を鍛えると基礎代謝も上がり、やせやすい身体になる**のです。

②背中の中央に「ビーナスライン」がある

背筋を伸ばしたとき、背中の中心にできる「溝」。美しい後ろ姿に不可欠なこの溝を私は「ビーナスライン」と呼んでいます。このラインができるということは、背骨を支えている筋肉（脊柱起立筋《せきちゅう》）が発達している証拠です。脊柱起立筋は、背骨のゆるやかなS字ラインを保ちつつ、上半身をまっすぐに支える役割をしています。

③腰に「天使のえくぼ」がある

これは骨格も影響していて、骨格がしっかりしている人に出現しやすいです。骨盤の角度と、それを支えるじん帯の太さ、さらには発達した筋肉が条件となります。

そして、ゆがみがないことも絶対条件。年齢を重ねてゆがみが生じると、えくぼがボンヤリしてきます。えくぼがある人は間違いなく美尻なので、「出るように努力する！」というのは、いい目標設定になりますね。ただし遺伝的な要素も大きいため、ないからといって骨盤の状態が悪いとは一概には言えません。くっきりえくぼは、まずは、両親からの贈り物。そして、身体のメンテナンスの賜物です。

表情豊かなバックスタイルに！

美背中をつくる条件

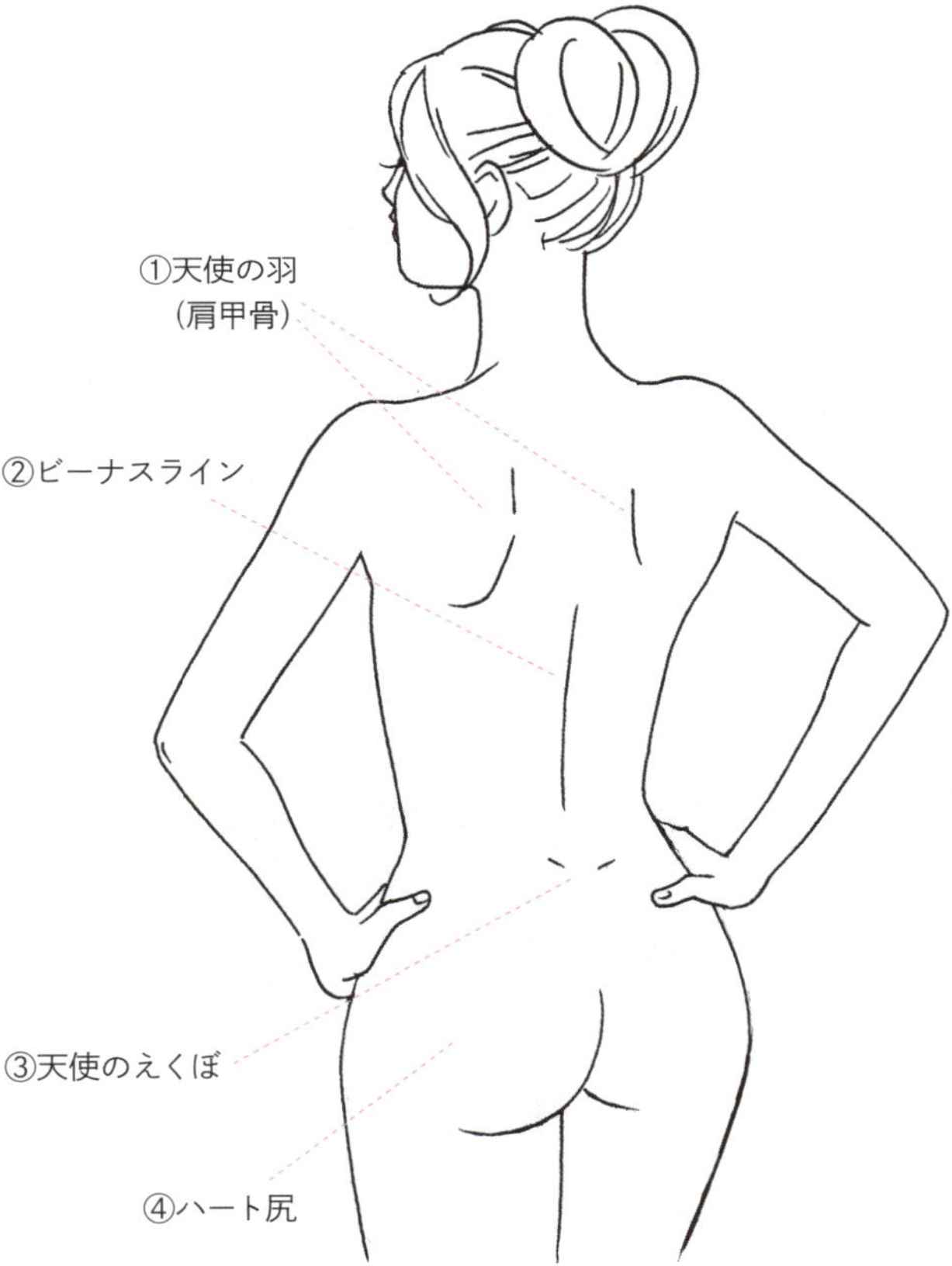

④ぷりんと上向きの「ハート尻」

正常な骨盤の形は、キュッと閉まったきれいなハート型。そんな骨盤なら、おしりも同じく引き締まって、ぷりんと上向きの「ハート尻」になります。

でも、骨盤の下の部分が横に広がり四角になると、だらっと横に広がったおしりに。また、おしりが後ろに反ると下腹に余分なお肉がつく、左右に傾くと太ももが太くなる、といった悩みが生まれてしまいます。

⑤背骨が、「S字ライン」を描いている。

背骨は、骨盤から頭蓋骨までをつなぐ身体の真ん中に位置する骨ですが、この骨は、首と、肩から腰にかけて、ゆるやかなカーブをしています。そのラインを称して「S字ライン」と呼びます。

正しいS字ラインは、壁立ちをしたときのポジション。このS字が崩れてしまうと、腰痛などの原因になるだけでなく、女性らしいボディラインが崩れて、セクシーさを感じさせない身体になってしまいます。

⑥ゆがみがなく、バランスが正常

ゆがみのない身体は、血液や酸素、ホルモンやリンパなど、身体に必要なすべてがすみずみまで行き渡るため、栄養の行き渡った植物のように、エネルギーに満ちあふれた印象を与えます。均整のとれた佇まいは、一種の品格すら感じさせるもの。その身体が描くしなやかなラインは、女性の色気を自然にアピールすることができます。

⑦つやつやのキレイな肌

身体も顔と同じで、肌の状態が見栄えを左右します。吹き出物や毛穴のつまり、くすみやカサつき、むくみ、ムダ毛などが目立つのは考えもの。血色のよいつやつやの肌になるには、全身運動によって身体じゅうにめぐる血液やリンパの流れをよくして、老廃物をためないことが重要。食べたものの結果はそのまま肌に出ます。栄養バランスの悪い無理なダイエットは控えましょう。

背中を鍛えると、オモテ側にもこんな効果が！

みぞおちからおヘソにかけて、タテのラインが誕生。

「腹筋がタテに割れる」というときの、真ん中のラインがこれ。ここにラインが入るのは、お腹全体をタテに覆う大きな筋肉、「腹直筋《ふくちょく》」が鍛えられた証拠。上体を引き上げるのに欠かせない筋肉です。

上向きでハリのあるバストに。

肩甲骨を引き寄せれば自然と胸がひらき、**トップの位置が上がる**のは当然。肩甲骨をしっかりと動かしていれば、胸骨の下にある「胸腺」も刺激されます。ブラ周りのはみ肉の原因だったむくみが改善されるだけでなく、**バストアップ**も期待できます。

ウエストがキレイにくびれる。

美しいくびれには、肋骨《ろっこつ》や骨盤から繋がっているお腹の斜めの筋肉（腹斜筋《ふくしゃ》）や、身体の深いところで横に走る筋肉（腹横筋《ふくおう》）、さらには広背筋《こうはい》などの背中の筋肉を立体的に鍛えることが重要。したがって、前面だけでなく、背中からのアプローチも忘れてはなりません。また、どんなに前面のお腹を引き締めても、背中に余分なお肉やむくみがあると、それが前面へも影響を及ぼし、サイドのくびれが出にくくなります。

⊙おヘソがタテ長になり、位置が上がる。

正しい姿勢で腹筋を使って上体を引き上げていると、おヘソの位置が上がってきます。意識すればその場でも1～2㎝は上がります。腹直筋が上下に引っ張られるので、おヘソの形もタテ長に。最終的に、ウエストの一番くびれているところにおヘソの位置がきていたら完璧です。

骨盤ダイエットブームから約10年。女性の美意識はますます高まっている

本書は2009年9月に出版した『脂肪を落として背中からスッキリ！　肩甲骨ダ

イエット』(小社刊)を文庫化したものです。

骨盤ダイエット全盛期だった当時、あえて肩甲骨に着目し「骨盤も大事だけど肩甲骨も大事!」というメッセージを伝えた本であり、ベーシックな内容なので、私の協会の講師や生徒さん、さらには海外でも長く読まれている一冊です。そこに加筆・修正を加えてパワーアップさせました。

女性の美意識は10年前より確実に高まり、ダイエットに対するニーズは、より多様化しています。単なる「やせる」に止まらず、「好きな身体をつくるため」に、女性たちはダイエットに励んでいます。

なかでも、背中とヒップを意識する女性は、以前よりも増えたように感じます。美尻トレーニングやヒップエクササイズの流行は、その象徴ですね。

今となっては生徒さんから「私、肩甲骨が固まっているんです」といった相談の声が聞こえるようになり、女性誌で肩甲骨特集(肩甲骨体操、肩甲骨はがし、肩甲骨ヨガなど)が組まれることも増えました。

ただ、全体的な意識は高まっているものの、**肩甲骨の正しいポジションを知ってい**

る人はまだまだ少ないと感じます。なぜなら、自身では見えない位置にあるから。顔や胸、お腹……といった前面にある部位と比べると、どうしても背中のケアは後回しになってしまうようです。

自分で見えないところほど他人から見られている

背中&ヒップは、あなたの美の本質があらわれるパーツといっても過言ではありません。自分の目の行き届かないところをケアできる女性は、美意識が高い女性といえます。背中が美しい女性は、必ず、前面も抜かりがないのです。

つまり、背中に意識のある、この本を手に取っているあなたこそ、美の上級者である可能性があるのです。

さあ、今日から、背中で美を語れる女性になりましょう！

この本を手にとったすべての方が、それぞれのライフスタイルのなかで「美」を養い、素敵な人生を送っていただけることを心から願います。

目次

1章 つい、猫背になっていませんか？ 「天使の羽」診断チェック

2章 背中とおしり、両方やせるには「肩甲骨」を動かそう

3章

「背中」はこうして美しくなる

4章 「おしり」はこうして美しくなる

5章 朝、起きた瞬間から自動的に美しくなっていく

~日常動作を意識して、もっと美しい背中とおしりをつくる~

カバー写真 Denys Kurbatov/Shutterstock.com
本文イラスト 池田須香子
本文デザイン 浦郷和美
本文DTP 森の印刷屋
編集協力 根岸伸江

1章

つい、猫背になっていませんか？「天使の羽」診断チェック

肩甲骨の「年齢」チェック！
天使の羽、さびついていませんか？

自分の肩甲骨がどこまで動くか、チェックしてみましょう。人に見てもらうか、鏡を見て判断します。なお、急におこなうと肩を痛める恐れがあるので、関節まわし（P58）で肩を十分にほぐしてから、おこなうようにしてください。

診断1：背中で合掌できますか？

① 両手を背中にまわし、指先を下にして、手のひらを合わせます。
② 指先を上に向けます（できる範囲で）。
③ できる人は、さらに、合わせた手を肩甲骨の間まで引き上げます。

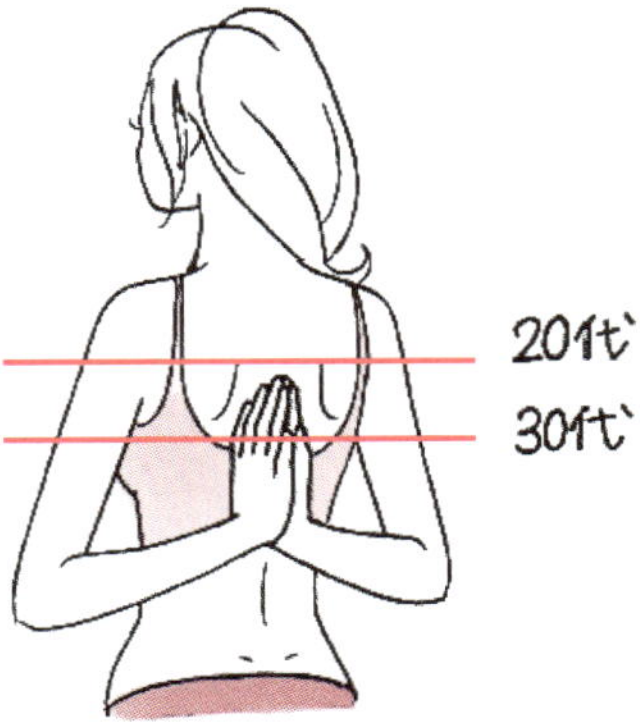

診断結果

●背中の真ん中で親指の付け根までピッタリ合掌でき、その手が肩甲骨の間まで上がる人。あなたの肩甲骨は、ピッカピカの20代！
●親指の付け根が少し浮くけれど、背中の真ん中で合掌できた人。その手がウエストの高さまでなら上がる人。あなたの肩甲骨は、ちょっとお疲れの30代です。
●指先を上に向けて合掌はできないけれど、下向きならピッタリくっつくという人。あなたの肩甲骨は、サビつき始めています。

なお、前から見て、腕の見え方に左右差がある人は、身体がゆがんでいるかもしれません。

診断2：背中で、両手が組めますか？

①両手を背中に回して（片方は上から、片方は下から）、指を組みます。
②右手を上にして組んだら、今度は逆に、左手を上にして組んでみます。
③左右とも同じようにできるのが理想です。頭が左右に傾かないように、まっすぐなポジションをキープしていることを意識しておこなってください。

診断結果

- 4本とも指の付け根までしっかり組める人の肩甲骨は、若さがまぶしい10代です。
- 指の第一から第二関節まで何本か組める人の肩甲骨は、若々しい20代です。
- 指の平が何本か、かろうじて触れる人の肩甲骨は、お疲れ気味の30代です。
- 指が1本も触れない人の肩甲骨は、メンテナンスが必要！　今日から、関節まわし（P58）をおこなっていきましょう。

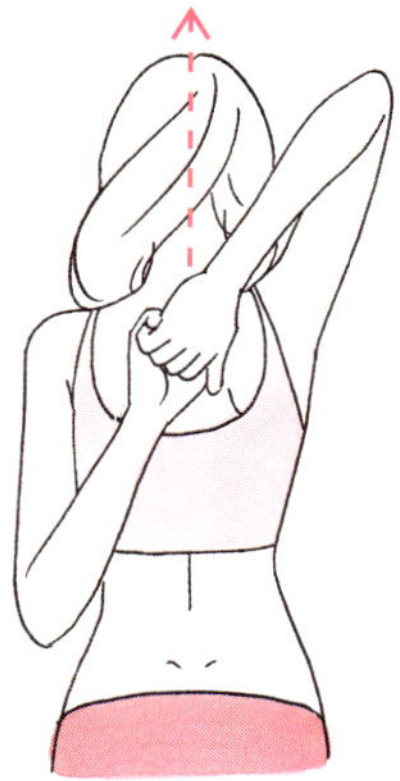

このテスト結果がよくなかったとしても、焦らないで。基本メニューを続けるうちに、いつの間にかできるようになりますから。
私は教室でいろいろな生徒さんを見てきたので断言できます。地道にやっていれば、身体は必ず応えてくれますよ！

左右とも同じようにできるのが理想ですが、人それぞれ利き手、利き腕があるように、どんな人にも多少の左右差やクセがあるのは当然です。
ただし、左右差がひどい場合は、次のページのゆがみチェックもおこないましょう。

身体の「ゆがみ」危険度チェック！あなたの太る原因は？

簡単なチェックで、身体がゆがんでいないか確認してみましょう。

ゆがみのある身体は、見た目だけではなく、健康面へも影響を及ぼしかねません。

大切なのは、身体の状態を正しく把握することです。そのうえで、生活の中で気をつければ、ゆがみは少しずつ改善されます。

診断3：背中でタオルを持てますか？

①最初は鏡を見ないでやってみましょう。イラストのように、タオルを背中でタテにして持ちます。
②一方の手を頭の後ろ、もう一方の手を腰の位置にしてタオルを持ち、上下にまっ

すぐ引っ張ります。このときタオルは地面に対して垂直をキープ。
③人に見てもらい（一人のときは、合わせ鏡で）タオルの位置が垂直かどうかを確認します。
④左右の手を入れ替えた状態も、確認してください。

診断結果

背中のタオルが垂直でなく、傾いていた人。

肩甲骨のみでなく、背中の左右のタテの筋肉のバランスが崩れています。

頭をまっすぐにすることが困難な場合、肩甲骨・肩関節など、背中の上部の柔軟性が欠けている証拠。慢性的な肩こりがある可能性も。

診断4：YESがいくつありますか？

□「診断3」で、背中のタオルが傾いていた。
□普段から、あごが上がりすぎ、または、下がりすぎ。
□正面から見て、左右の肩の高さが違う。
□猫背になっている。
□O脚である。
□立っているとき、いつも決まった脚に重心をかけている。
□脚を組むとき、いつも同じ脚を上にして組む。
□ショルダーバッグは、いつも同じ側の肩にかけている。
□靴はヒールのかかとの外側がへりやすい。
□片方の靴だけ変形しやすい。

□仰向けに寝たとき、脚の長さが違う。
□仰向けに寝て力を抜いたとき、つま先のひらき方に左右差がある。
□歩いていると、いつの間にかスカートが左右に回っている。

診断結果

YESが1つでもある人は、身体にゆがみがあると考えられます。

YESが6つ以上ある人は、要注意！　かたよった姿勢を続けると、身体をゆがませる原因になります。また、すでに骨格がゆがんでいるから自然にその姿勢になるともいえるのです。

いつも右手でカバンを持つ人は、たまには左手に持ち替えてみる。猫背の人は、肩甲骨を意識するなど、日々の動作に気をつけてみてください。

ゆがんでいても、ガッカリしないで！　現状を知ったのですから、あとはよくなる一方ですよ。

鏡を見るだけで美人になる!? セルフチェックの法則

あなたは鏡を見るのが好きですか？

私は大好き。だから、家じゅうに鏡があるし、街を歩くときも、ショーウィンドーがあれば、そこに映る自分の姿勢をチェックしちゃいます。姿勢を意識するようになったら、鏡を見るのがクセになりました。生徒さんも同じようにおっしゃいます。

顔を見るというよりも、姿勢や佇まいが大事なのです。

「前から見たら、どうだろう。斜め後ろからは、どうだろう。キレイに見えるのは、どういう角度だろう」と、考えちゃう。じっくり見たいときは、三面鏡を使っていろんな角度からチェックします。

エクササイズやストレッチをするときも、鏡で左右差を確認しながらおこなうことが大切です。左右で肩の高さが違っていたりするから、意識して正していきます。

鏡を見るときは、いつも前向きな姿勢でいて

私は、お風呂に入る前に、洗面台の鏡で、裸の全身をチェックするのが毎日の習慣になっています。とくに気をつけるのが、背中。ブラジャーの線がいつもより深く残っていたら「むくんでいるな～」とか。肩甲骨の出方や、肩甲骨を寄せたときのシワの入り方などでも、むくみ具合がわかります。

身体の右側から、左側から、それぞれ見て、肩甲骨の高さもチェックします。「今日はもたついた背中だな～」と思ったときは、指でつまんでマッサージするだけでも違ってきます。

エクササイズをしていると、背中のビーナスラインが深くなって、ブラのホックの部分が浮いてくるんです。そのときの浮き具合によって、「今日のエクサはいい感じだったな～」なんて判断することもあります。

アザやホクロの位置、皮膚の状態も、大切なチェック項目です。日によって、シミが濃くなったり、周りの皮膚が汚くなっていたりするので、美容クリームを塗って対

処します。

疲れてくると、筋肉がガチガチになってきて皮膚が動かないせいか、ホクロの動きも悪くなってくる。むくんでいると、ホクロの位置も違ってきます。

鏡を見るときは、欠点だけ見てマイナスな気持ちになるのではなく、「明日からこうしよう！」とプラスに持っていくようにします。

「こうなりたい！」と願う想像力って、重要なエネルギーです。前向きにならないと、背中にまで意識は向きません。

2章

背中とおしり、両方やせるには「肩甲骨」を動かそう

どうして背中にお肉がつくの？

生徒さんから、「お腹やおしりに肉がつく理由はわかるのですが、どうして背中に肉がつくのでしょう？　ここに肉があると加齢を実感します……」という疑問を受けました。背中に脂肪がたまるのは、ずばり、筋力不足と、悪い生活習慣が原因です。

特に長時間のスマホは、改善したい習慣と言えます。

筋肉は、使わなければ不足する

筋力不足になるのは、日常生活で背中を動かす機会がないから。筋トレとは、筋肉に負荷をかけてトレーニングするものですが、それも日常で動かさない部位だからこそ効果が出るしくみになっています。

背中の筋肉というと、まず、上半身でも一番大きいアウターマッスルといわれる「広背筋《こうはい》」があります。背中のもっとも表層にあり、広い範囲を走る筋肉です。この広背筋をしっかり動かせば、相当いいかんじに身体を鍛えられます。それから肩甲骨周辺には「僧帽筋《そうぼう》」など、アウターマッスルだけでなくインナーマッスルも含めた細かい筋肉がいっぱいあります。

それにもかかわらず、だいたい猫背になっちゃうと、筋肉がぴろんと広がってしまう。デスクワークが多いと、筋肉が使われない。姿勢が悪いと、歩行中も筋肉がほぼ動かない。日常生活では「腕を後ろに持っていく」「上のほうを持つ」動作ってほとんどしないので、肩甲骨や背中の筋肉が使われない。そうして、背中に脂肪がつきやすくなります。脂肪細胞の数というのは決まっていて、それが小さくなったり大きくなったりするだけですから、余った脂肪が背中にも行きつき、太って見えてしまうんです。

ですが、日ごろ使ってないからこそ、ちょっとでも動かせば、効果絶大です。とくに広背筋は一番大きな筋肉なので、正しく動かすと、脂肪がどんどん小さくなります。

動かす、まわす、引き寄せる！肩甲骨リセットでやせる秘密

背骨の上部、左右に位置する肩甲骨。自分では見えないため、意識する機会が少なく、どのように動くのか関心が少ないパーツかもしれません。

実はこの肩甲骨、美しいボディラインをつくるために不可欠なパーツなのです。

10年ほど前、美容の世界で話題になった「骨盤矯正」や「骨盤エクササイズ」。「骨盤のゆがみを正すことが美容や健康のカギを握る」という考えで、骨盤が一躍注目を集めるようになりました。しかし、こうしたブームの中で、「肩甲骨と骨盤の関連性」についてはあまり触れられることがありませんでした。

肩甲骨をほぐすと、骨盤も連動して動く！

たとえば歩くとき、腕を大きく振る（＝肩甲骨を動かす）と、自然と歩幅が大きくなります。つまり、肩甲骨を動かすと骨盤も動き、それによって脚を踏み出しやすくなるのです。

ただ、現代人は肩コリなどで肩甲骨が固まってしまい、腕を振っても「肩関節」が動くだけで、肩甲骨は動かない人がほとんど。肩甲骨が動かなかったり、お肉で埋もれたりしている人は、骨盤が効率よく動かないケースも見られます。

骨盤を整えることはもちろん大切ですが、ダイエットという視点から見ると、**肩甲骨を動かさずして骨盤ばかりを整えても、全身運動にはならない！**というのが、ウォーキング教室で多くの生徒さんとご一緒した経験から得た、私の結論です。

肩甲骨周りにはたくさんの筋肉がついているので、ここを動かすことで血液やリンパの流れをよくすることができます。

リンパとは、体内で不要になった老廃物や疲労物質を回収する「下水道」のようなもの。残念ながら、リンパは勝手に流れてはくれず、血液や筋肉の動きによって流れます。流れをよくするには、マッサージのほか、全身運動が欠かせません。

効果的な全身運動をすると、やせ体質に！

- 肩甲骨を動かす
- 骨盤や下半身も動く
- 下半身に存在する多くの筋肉を使うことで、全身の血流量がアップする
- 筋肉が鍛えられる
- 代謝がアップする
- 結果、やせ体質になる

血流量がアップすれば、リンパの流れもよくなります。顔も身体も、むくみがとれてスッキリと引き締まった印象に。栄養が行きわたるので、くすみも晴れて肌色が明るくなり、肌荒れや吹き出物のないツヤ肌になるのは当然のことです。

「肩甲骨が肉で埋もれているうえに肌が汚くて、とても人に見せられる背中じゃない」という人も、肩甲骨を動かせば、誰もが見とれる美背中に変身できます。いまま

で意識して動かしてこなかった部位だからこそ、これまでにない効果が現れるのです。

そもそも、骨盤と一緒に肩甲骨を動かすことは、アスリートの間では常識的なことでした。肩甲骨に連動して正しく骨盤を動かすことが、身体の理想的な使い方なのです。

私が提唱する「肩甲骨ダイエット」は、日常動作である姿勢やウォーキングに取り組みながら、生活の中で無理なく、自然と筋肉をつくることを基本としています。わざわざジムやエステに行かなくても、自宅や外出先でできるものばかり。忙しくて面倒くさがりの私が実践できているのですから、お墨付きです。

肩甲骨＝〝天使の羽〟という呼び名があるように、肩甲骨は人間が天使だったときの翼のなごりといわれることもあります。「いつかここから翼が生えてくるかもしれない」というロマンチックなお話もあるとか。

あなたの背中で埋もれていた肩甲骨、この機会に目覚めさせませんか？　蝶が羽化するかのように、あなたの身体は生まれ変わります。私と一緒に肩甲骨を動かして、大きな美のオーラを羽ばたかせましょう！

理想の身体とは、「骨と筋肉のバランス」がいい身体！

悪い姿勢の代表格である猫背。オススメできない理由は2つあります。

1つは、ビジュアル的な問題。「老けて見える」「陰気そう」「ひ弱そう」「やる気がなさそう」「自信がなさそう」……と、マイナス要素ばかりです。

どんなに美しい女性でも、猫背であればかなりの損をしていることになりますね。

2つめは、健康面とダイエット面での問題。

猫背の姿勢は、**骨と筋肉の前後のバランスが崩れた状態**。重心が前にくるため、身体の前側の筋肉は縮まり、背中側の筋肉が伸びてしまいます。その結果、肩こりや腰痛の原因になることも。ラクだからと猫背になっていると、身体にストレスを与えていることになるのです。

また、ちぢこまった姿勢でいると内臓が圧迫されるため、臓器の働きが悪くなるのは当然のこと。美容の面から考えても猫背だと血液の循環が悪くなるため、むくみや肌トラブルも起こりやすいということに。

女優さんが老け役を演じるときは、わざと猫背にして年齢を背中で表現するのだそう。高齢になって背中が丸まるのは、筋力が低下して背骨を支えきれなくなるから。歳をとると、筋力に躍動感がなくなってくるのです。

猫背は健康面にもマイナス。〝筋肉＝生命力〟の表れです

エクササイズをしていると、体調によって脚がつったり、力が出なかったりする日もあります。そういうとき私は、「自分の生命力が筋肉に表れているな〜」と実感するのです。姿勢のプロである私からいわせてもらうと、猫背は筋力の低下の表れ。

〝猫背＝生命力が低下している〟ともいえるのです。

「生命力」って人をキラキラと輝かせる魅力のもとになるもの。「生命力のない女」なんて、いわれたくありませんよね？　猫背は直さないともったいないですよ。

姿勢が与える好印象は、万国共通、性・年齢・文化をも超える

身体のゆがみはよくない。だとしたら、私たちが目指すべき理想の身体とは、どんな身体でしょう?

素敵なファッションやメイクは、美しい「土台」があってこそ映えるもの。

では、美しい土台とは——? 肌や髪の色? 目の大きさや形? それらは、大したことではありません。私がいろいろな国で生活した経験からいうと、その国で「美しい」と感じる女性は、決まって姿勢が良いのです。

さて、その「姿勢」を決めるポイントはどこにあるのでしょうか?

ズバリ、「バランスのとれた骨格と筋肉」です。

〝骨と筋肉〟と聞いて、筋骨隆々のボディビルダーのような身体を想像してしまった方、ご心配なく。筋肉美をつきつめたい方は、そのように鍛え上げてもらってもかまいませんが、この本で望んでいる理想の身体は、もっとしなやかなもの。

今の身体は私たちの生活があらわれているものです。きちんとした食事をしないダ

イエットをおこなっている方は、筋力が少なく、また、骨密度も低い身体です。気持ちの赴くままに食事をする女性は、たくさんの脂肪以外にもセルライトがついて、ボディラインが定かでない身体になっています。

これらはいささか極端な例ですが、身体に生活があらわれるということは本当です。

私たちが目指す理想の身体とは、筋肉と骨格バランスが良く、さらに、女性ならではのしなやかなラインを活かすために、ほどよく脂肪がある身体です。

適度な脂肪は、なめらかな素肌に不可欠。思わず、触れてみたくなる身体！　そんな身体が、時代に関係なく理想的な身体といえるのです。

理想の身体をつくる基本中の基本「壁立ち法」

背中から腰にかけての女性らしいなだらかなラインも、ぷりんとしたかわいいおしりも、土台である骨と筋肉なくしては語れません。骨と筋肉のバランスとれた女性らしい身体とはどういう身体なのか、ポイントを確認していきましょう。

かかと、ふくらはぎ、ヒップ、肩甲骨、後頭部が壁につきますか？

ここで、私がレッスンで教えている基本の立ち姿勢「壁立ち法」を紹介します。
①両足を揃え、かかとを壁につけて立ちます。ヒザとつま先は正面を向くように。
②ふくらはぎを壁につけます。つかない人は、O脚か、ヒザ関節がかたい可能性が。
③脚の内側の筋肉を意識して引き締めます。
④ヒップを内側に引き寄せます。すると、脚のつけ根の前が伸びるはずです。
⑤腹筋と背筋を使って上体を引き上げます。このとき、壁と背中の間の隙間は手の平1枚半が理想。隙間が空きすぎている人は、おヘソを背骨側へ水平に引き寄せる感覚で、背中を壁に押し付けるようにしてみてください。
⑥肩甲骨を寄せて壁にしっかりつけます。肩の高さは水平に。腕は身体の横に。
⑦アゴを水平にしたまま、首を斜め後ろに引き上げるように意識して。
⑧後頭部を壁につけます。

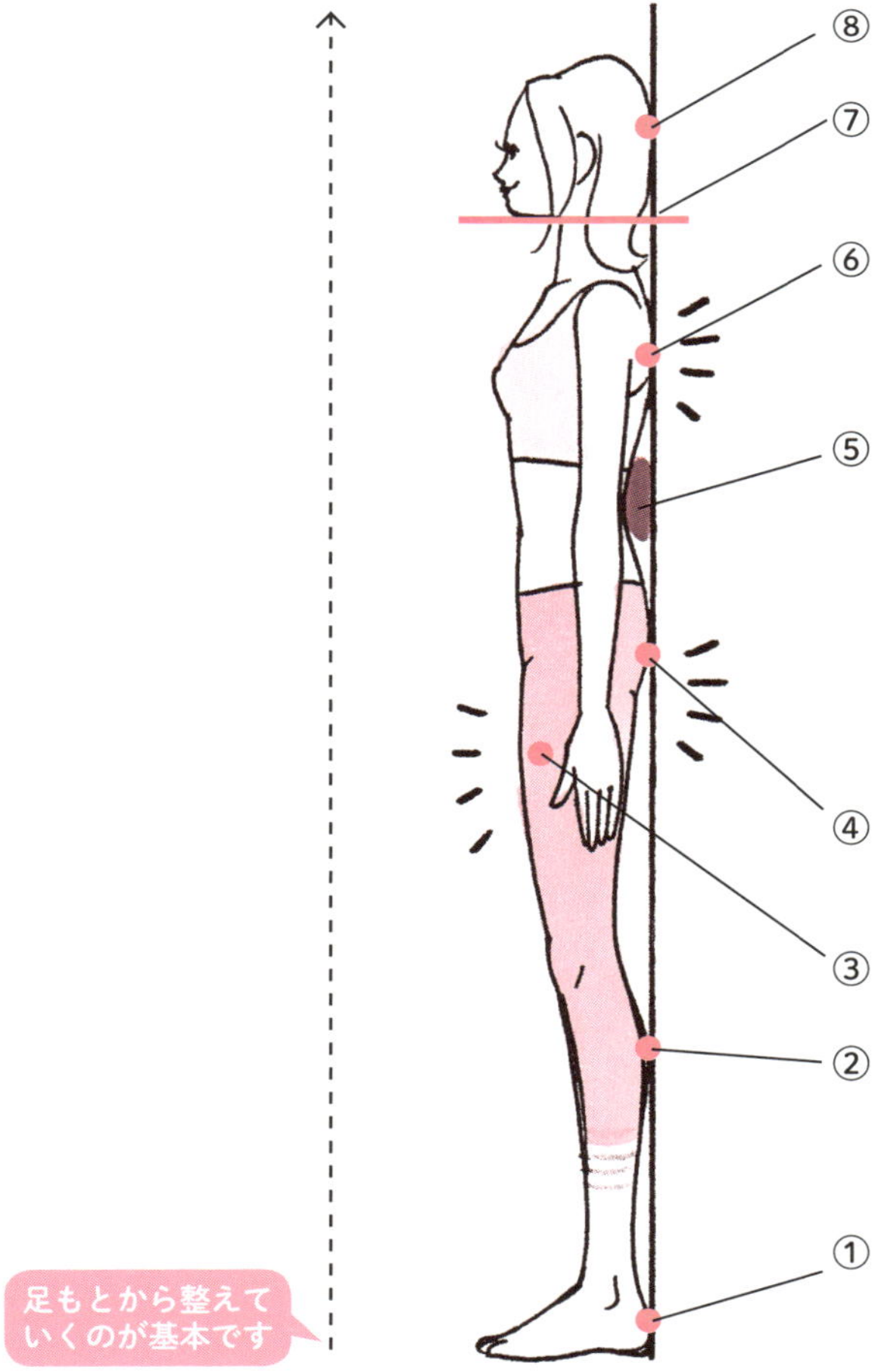
⑧
⑦
⑥
⑤
④
③
②
①
足もとから整えていくのが基本です

肩甲骨を動かせば、身体の「前」が劇的に変わります

さっそく、この壁立ち法を実践してみましょう！

自分はどこが弱いのか、どこを緊張させると正しい姿勢になるのか。

自分の身体のクセを理解して、正しい姿勢の感覚を確かめていきます。


この「壁立ち法」で背筋を伸ばして肩甲骨を引き寄せたとき、あなたの身体の前のほうは、どうなっていますか？

肩甲骨を引き寄せると、深呼吸をしたときのようにデコルテがひらいていると思います。腹筋・背筋を使って上体を引き上げているから、お腹は平らになっているはず。

つまり、**人間の身体って、裏と表が対になって動いているんです**。だから、背中を引き締める訓練をしていると、身体の前も変わってくるんですよ。

一番わかりやすいのが、バスト。肩甲骨をグっと引き寄せて胸を張ると、どうだっ！　といわんばかりに、バストのトップの位置が上がりますよね。反対に、猫背

だとバストもショボーンと下向きに。バストのことを考えたら猫背ではいられません！

そして、面白いのが、おへソ。背中を鍛えると腹筋が引きあがってきて、なんと、おへソの位置が高くなり、形もタテ長に変わってくるのです。

正しい姿勢を意識するということは、前後左右の身体の筋肉を、360度立体的に、効率的に鍛えることができるので、とても理にかなったトレーニング法なのです。

話は変わりますが、人に会ったとき、「この人って、きっとお家もキレイにしてるんだろうな」と思うことってありませんか？　かかとやヒジがきちんと手入れされていたり、カバンの中身が整理されていたり……。見えないところも手を抜かない女性って、その他もキレイだと思わせるものがあります。

背中がキレイな女は、前もキレイなはず。実際に、背中を鍛えると前もキレイになるのですから、「キレイなはず」ではなく、キレイで当然なのです。

身体の「コア」を意識すると、より美しい姿勢に

基本姿勢では、腹筋と背筋を使って上体をグッと引き上げるのがポイントです。

普段、意識することがないため初心者ほど難しく感じるようで、また人によってピンとくる表現も違うので、私はいろんな表現で「上体の支え方」をお伝えしています。

腹筋と背筋を使って、上体を引き上げるコツ

1：肋骨を締める

肋骨の1本1本に靴ヒモをかけて、ギュッと閉じるようなイメージです。肋骨を閉じようと意識すると、みぞおちが引っ込みますよね？　そのとき、腹筋と背筋が正しく引き締められています。

2：背中と胸の三角バランスを均等に

左右の肩甲骨と腰、左右のバストとおヘソを結んで、背中と胸にそれぞれ三角形をイメージ。どんな姿勢でいても、三角形を常に意識します。前かがみになったり後ろに反ったりしなくなるので、腹筋と背筋をバランスよく使えるようになります。

3：おヘソを背骨側へ引き寄せる

腹直筋、腹斜筋、一番奥にある腹横筋。これらの腹筋を全部使うことになるので、背筋も同時に引き締められます。レッスンでは「下腹に力を入れる」「おヘソの下の丹田を意識する」「下腹まで息を吸い込む」といった表現を使うこともあります。

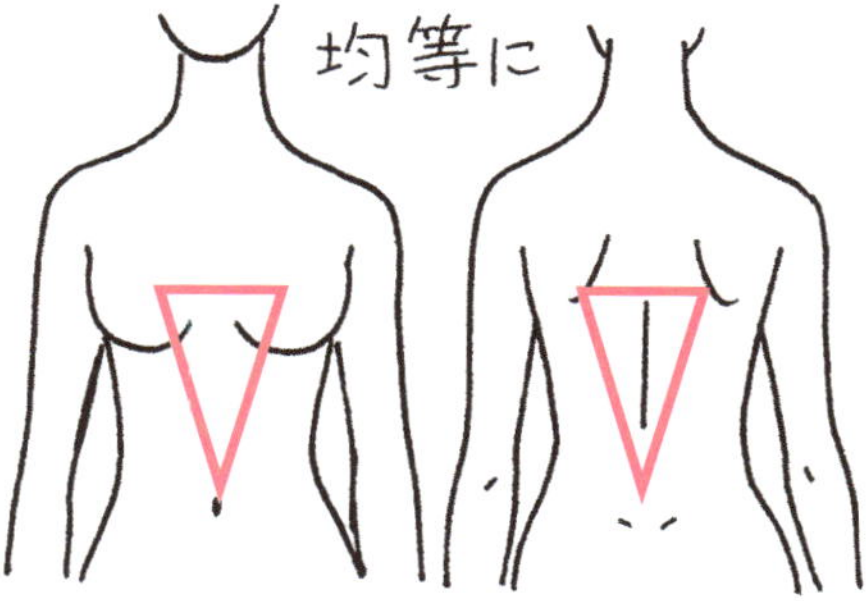

④：胸をひらいて横隔膜を下げる

胸をひらいて肩甲骨を引き寄せて、腹筋と背筋で上体を引き上げる。この姿勢をキープすると、息がしづらいという人がいます。ポイントは、横隔膜を下げること。肺の圧迫感がなくなります。横隔膜を上げ下げする感覚は、腹式呼吸をするとわかります。

⑤：腹式呼吸の仕方

床に仰向けになって、お腹の上に手を置く。睡眠時のように、ゆっくりと息を吸い込むと、お腹がふくらみます。息を吐くと、お腹がへこみます。これが腹式呼吸です。肺を下のほうに膨らますことで横隔膜を上下させるので、腹圧が変化するのです。

⑥：みぞおちに重心を持ってくる

基本姿勢で、腹筋と背筋を引き締めて、上体を引き上げる。すると、下半身に余計な力が入らないので、歩くときに脚の運びがラクになるはず。普段、腰でバランスをとっている人は、上体を意識すると、キレイに歩けるようになります。

✦肩甲骨リセットで意識したい筋肉①（背面）✦

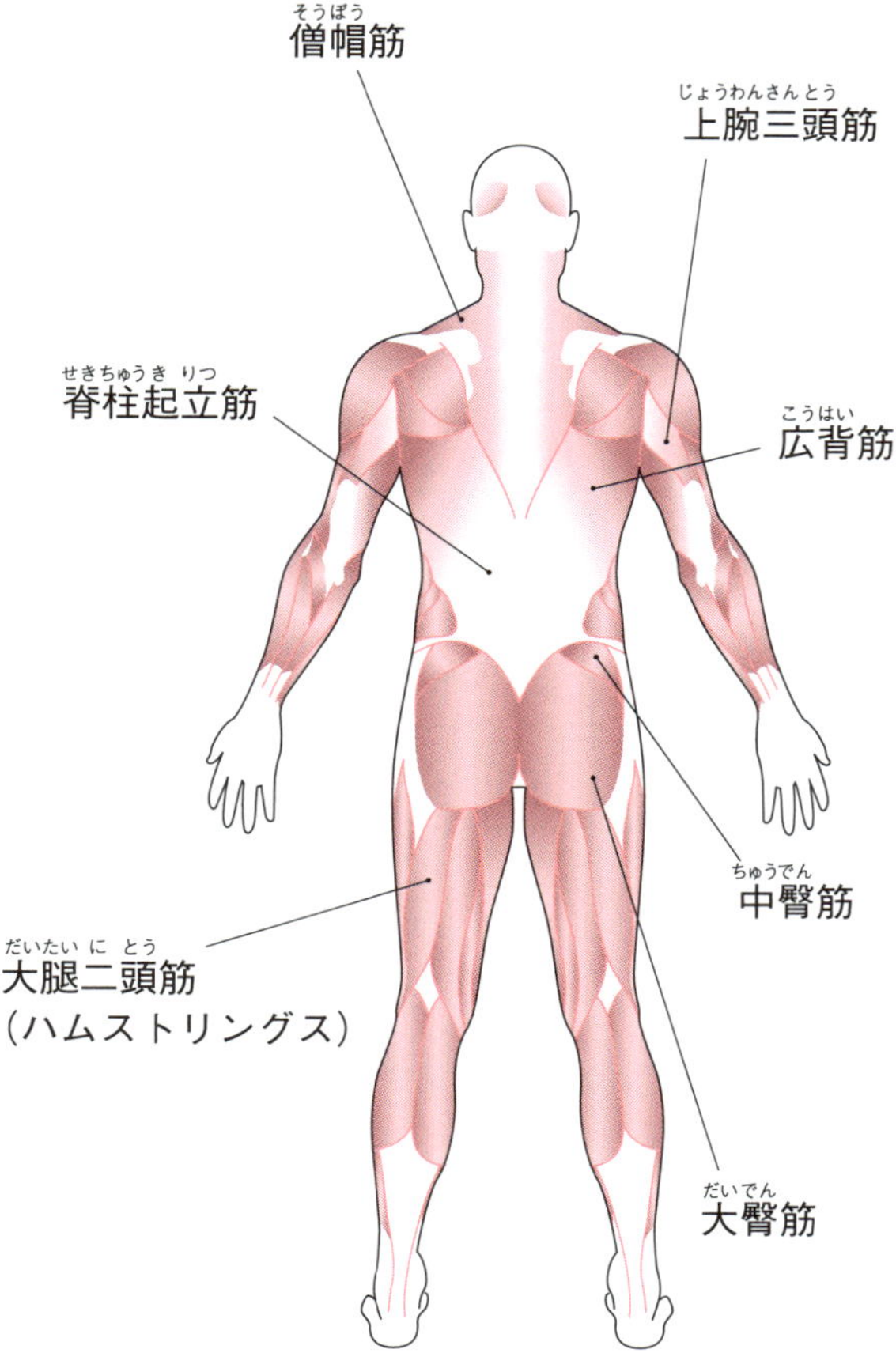

✦肩甲骨リセットで意識したい筋肉②（前面）✦

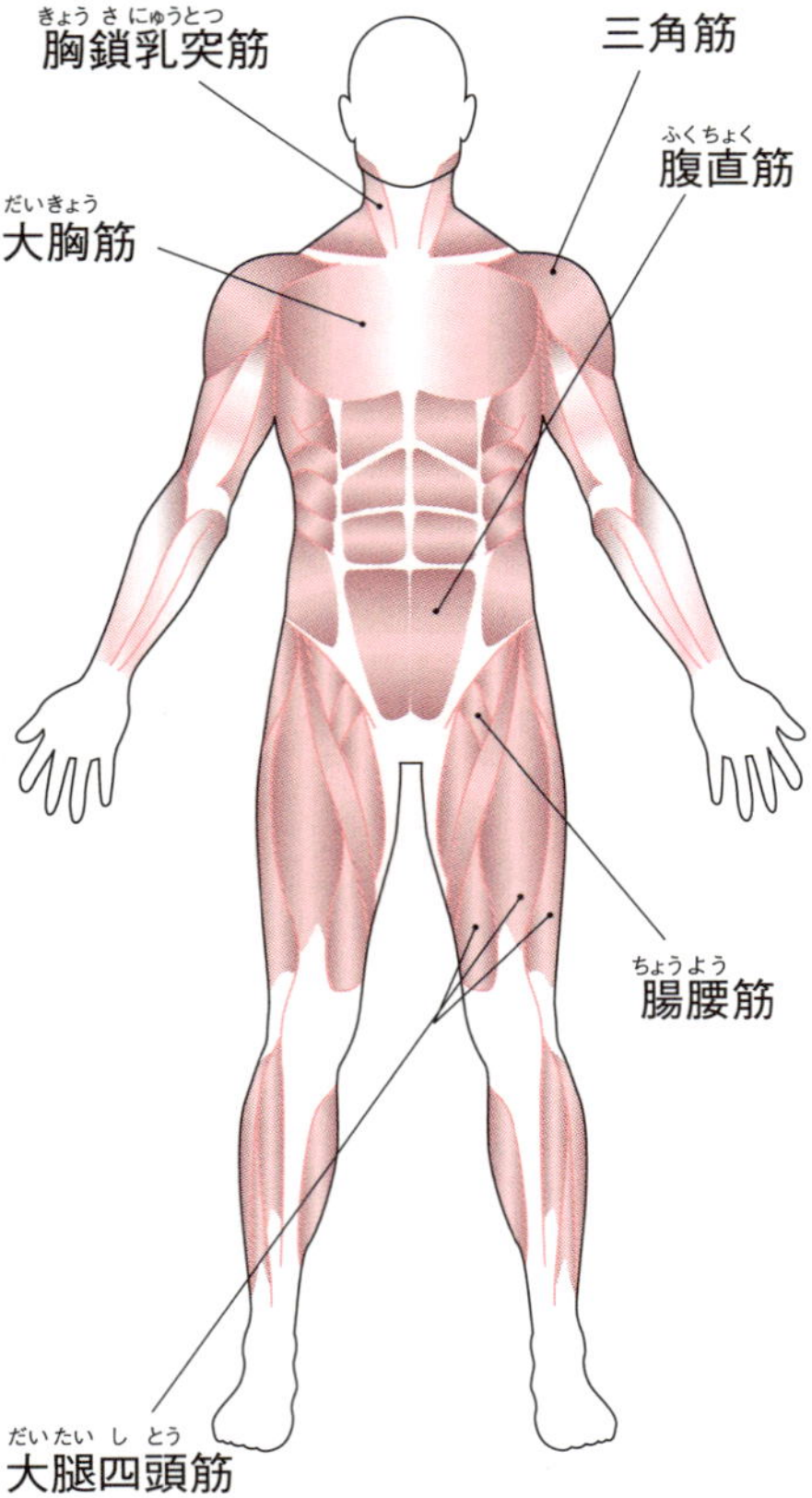

✦肩甲骨リセットで意識したい筋肉 ③✦

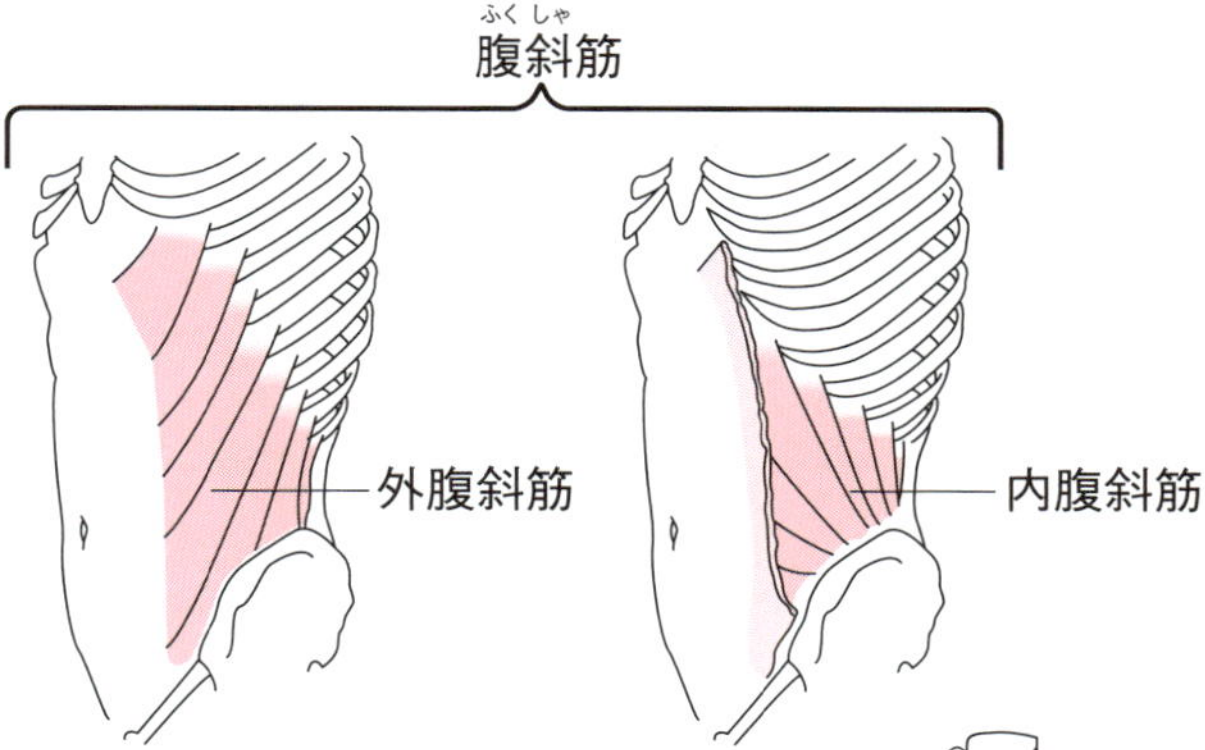

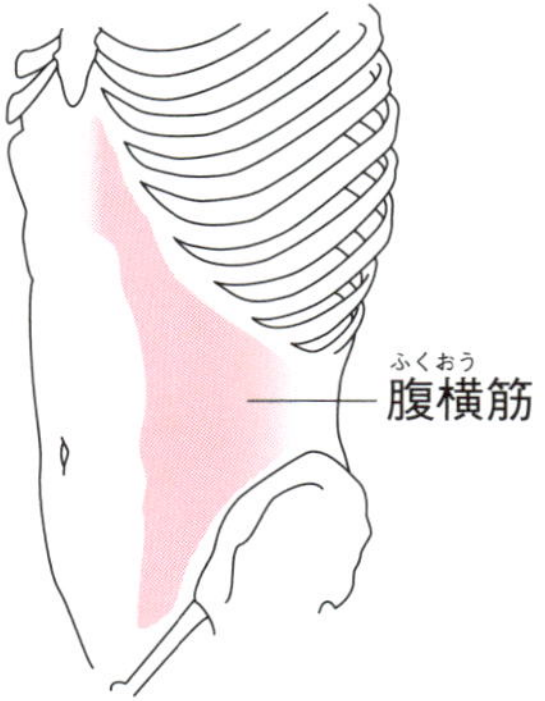

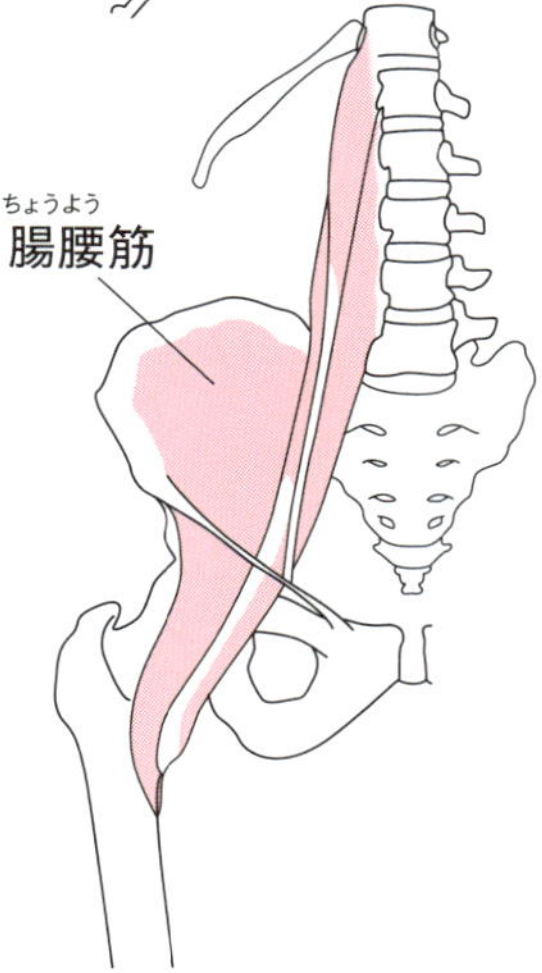

スマホ首を治すにも、肩甲骨からアプローチを

この10年間の変化として、いちばん大きいのはスマートフォンの普及です。猫背の人が増え、スマホ首（ストレートネック）も問題視されています。

背骨は上から順に「頸椎《けいつい》」「胸椎《きょうつい》」「腰椎《ようつい》」と分かれていて、一番上の頸椎は、首の骨にあたります。この部分のポジションが悪いということは、その下のライン、つまり背中全体のポジションが崩れることにつながります。

首を正しいポジションにキープすることは、背骨全体にとっても大切なこととなります。肩甲骨をほぐすと、僧帽筋のめぐりが良くなり、肩こりが改善します。

身体はつながっているので、連動している周りの部位からアプローチしていくことも必要。肩甲骨ってじつは、それらの要になる部位なんです。いわば、**全身の姿勢を司る「陰のボス」**。やせたい、柔軟性が欲しい、ゆがみをとりたい、というときはエクササイズもいいですが、まずは陰のボスを整えないと十分な効果は得られないのです。

3章

「背中」は
こうして美しくなる

筋肉を意識して、効果的なトレーニングを

朝夕の「壁立ち法」と、これから紹介する「関節まわし」。

日中は「姿勢」を意識して生活し、正しいフォームで「ウォーキング」をおこなう。

この基本をおこなうだけでも、1週間続ければ身体が変わってきます。

エクササイズ&ストレッチの基本ルール

ストレッチは、柔軟性を高める体操なので、毎日おこなっても構いません。

エクササイズは筋肉に負荷がかかるため、同じ部位は24～48時間は空けてください。

「昨日ヒップをやったから、今日は背中」といったようにおこないましょう。

また、熱があったり、体調が悪いときはやめること。美しい身体をつくるためには、

休む勇気も必要です。

◉基本姿勢

トレーニングは、立ち姿勢のものはすべて基本姿勢（壁立ち法の姿勢）から始めます。エクササイズ時は、バランスを維持したまま、両脚を肩幅にひらいて立ちます。

◉道具

エクササイズ用のゴムチューブやタオルがあると便利です。もちろん道具なしでもできますが、タオルなどを持つことで「筋力や骨格バランスに左右差がある人でも、均等に正しくエクササイズできる」というメリットがあります。また、伸縮性を負荷として利用することもできます。

◉呼吸

エクササイズの際は、決して呼吸を止めないこと。

やせ体質のスイッチをON!にするウォーミングアップ

足から首まで順にほぐしていく「関節まわし」

毎朝のスタートに、就寝前に、ぜひおすすめしたいのが「関節まわし」です。

関節をほぐしておくと、正しい姿勢をとりやすくなり、歩行がスムーズになります。

毎日の習慣にすれば、いつもと違う身体の違和感に気づけたりして、身体のコンディションを把握することにもつながります。自分の身体と対話するつもりで、朝晩の洗顔と同じように、おこなってみてください。
※本書では腰から下を「脚」、くるぶしから下を「足」と呼びます。

Basic 関節まわし①

足首まわし

足首をまわす。つま先を伸ばすときと、引き寄せるときをグッと意識して。つま先で大きな円を描くように。

回数

外まわし、内まわしを各5回。左右同様に

基本姿勢で立ち、足首をまわします。片脚立ちで不安定なときは、壁やテーブルに片手をついて姿勢を安定させて。8カウント（8秒）で1回転するように、ゆっくりまわします。

Basic 関節まわし②

股関節まわし

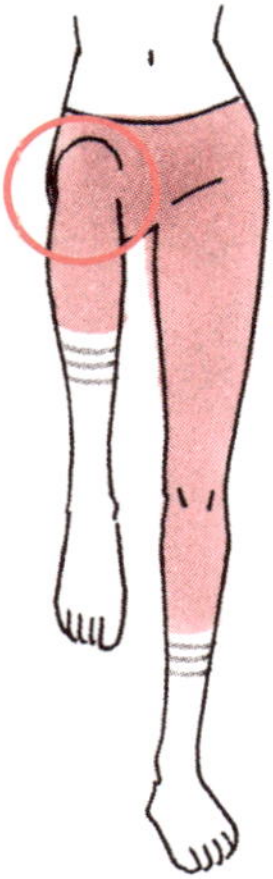

1
右脚のモモを水平に上げます。

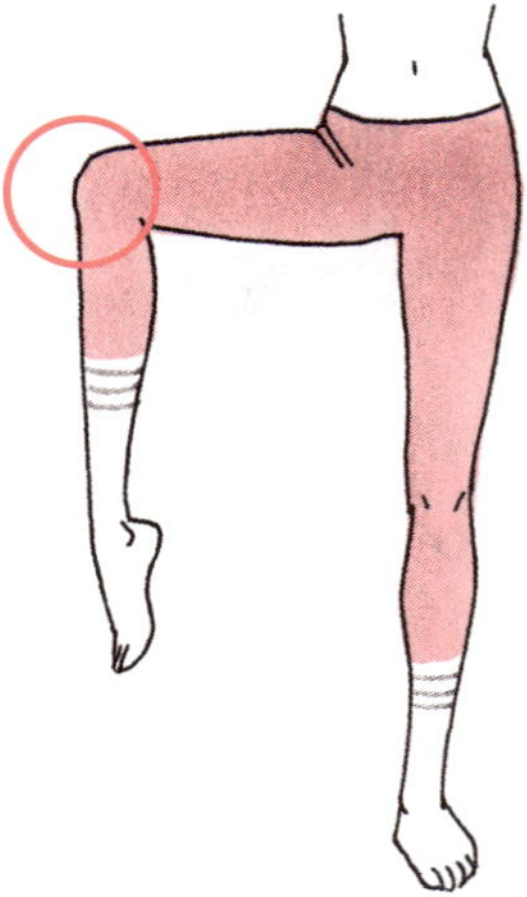

2
ヒザの高さを変えずに股関節を右にひらきます。

片脚立ちで右足を上げ、右ヒザを曲げたまま、ヒザで空中に大きな円を描くような感覚で股関節をまわします。

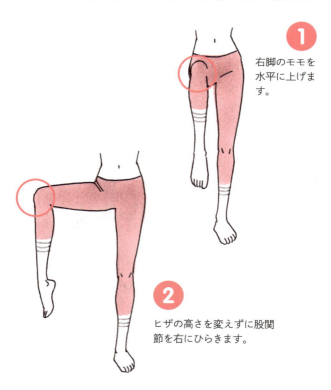

3 ヒザの高さをなるべく維持しながらモモを後ろへ。

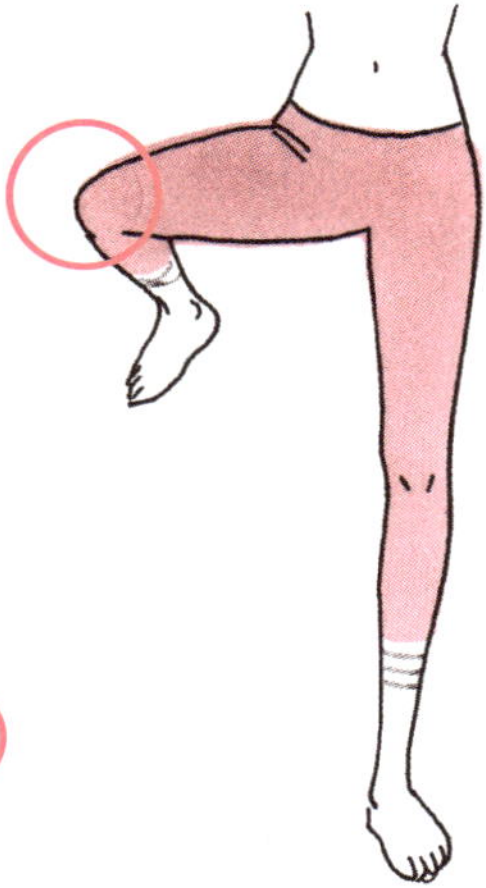

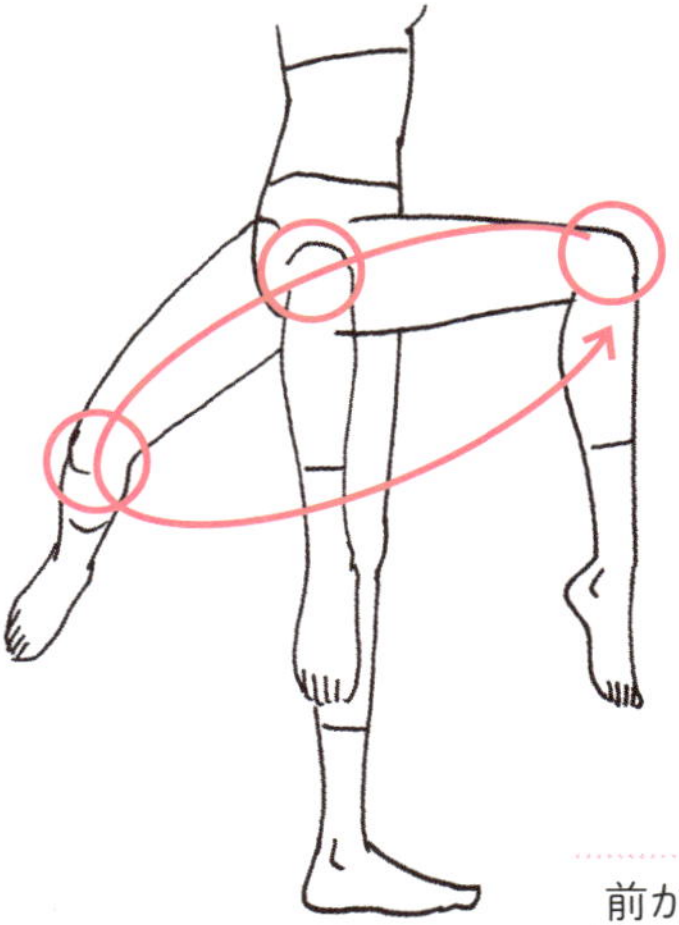

4 ヒザで大きく円を描く感覚で。

回数
前から後ろに5回まわしたら、後ろから前へ5回。左右同様に

Point
足元は、身体の土台といえる大切な部分。
ウォーミングアップでは、
足から首まで、下から順にほぐしていきます

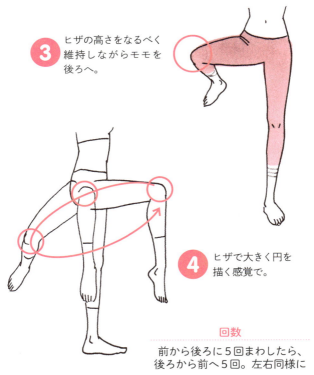

Basic 関節まわし③

腰まわし

1 骨盤をゆっくり前後に5回動かします。

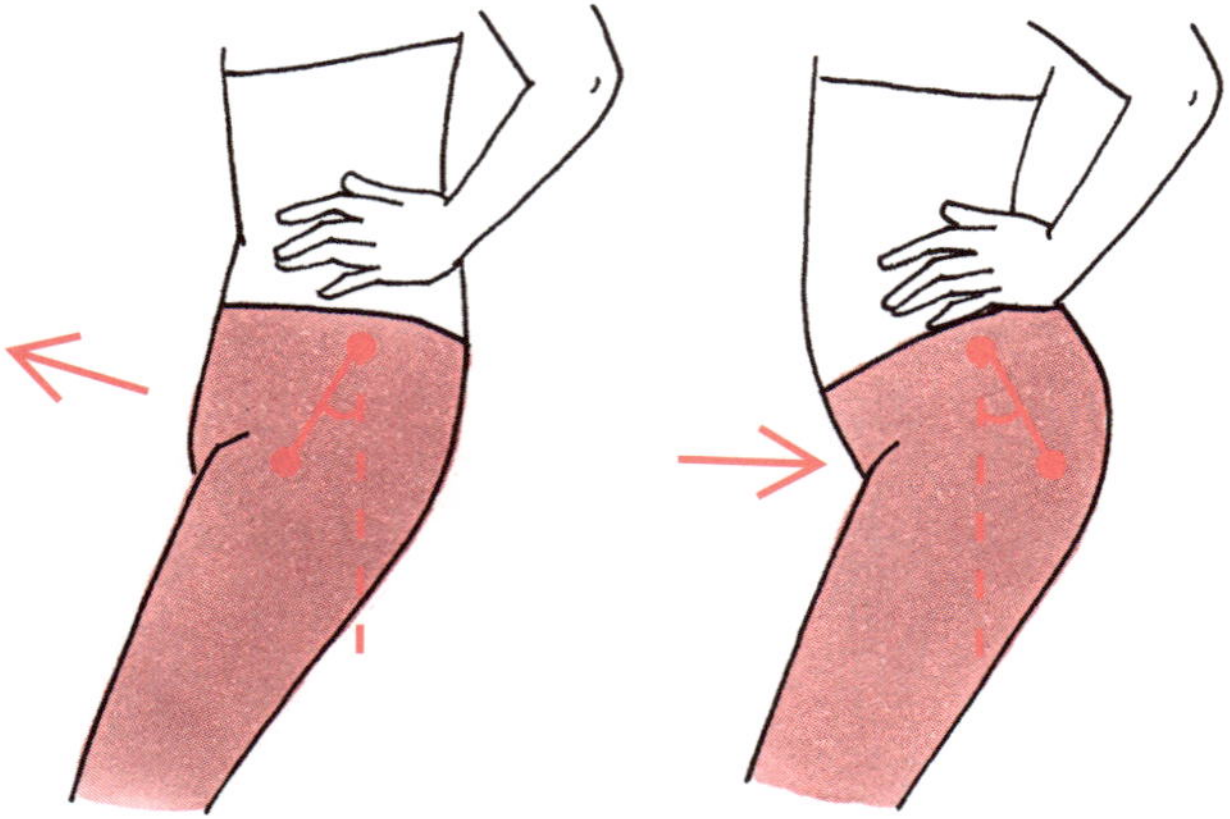

足を肩幅にひらいて立ち、両手を腰に当てます。ヒザを軽く曲げ、頭と肩の位置を固定し、大きく腰を動かします。

2 骨盤をゆっくり左右に5回動かします。肩は水平をキープして。

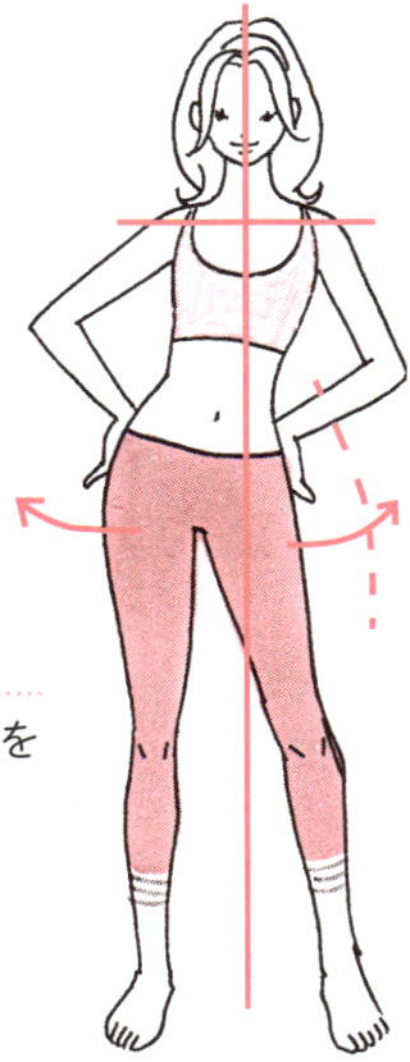

3 前→右→後ろ→左、とゆっくり1回転。

回数
右回り、左回りを各5回

Point

骨盤を前後・左右に動かすときは、
振り子のようになめらかに、ゆっくりと

Basic 関節まわし④

肩甲骨と骨盤の開閉

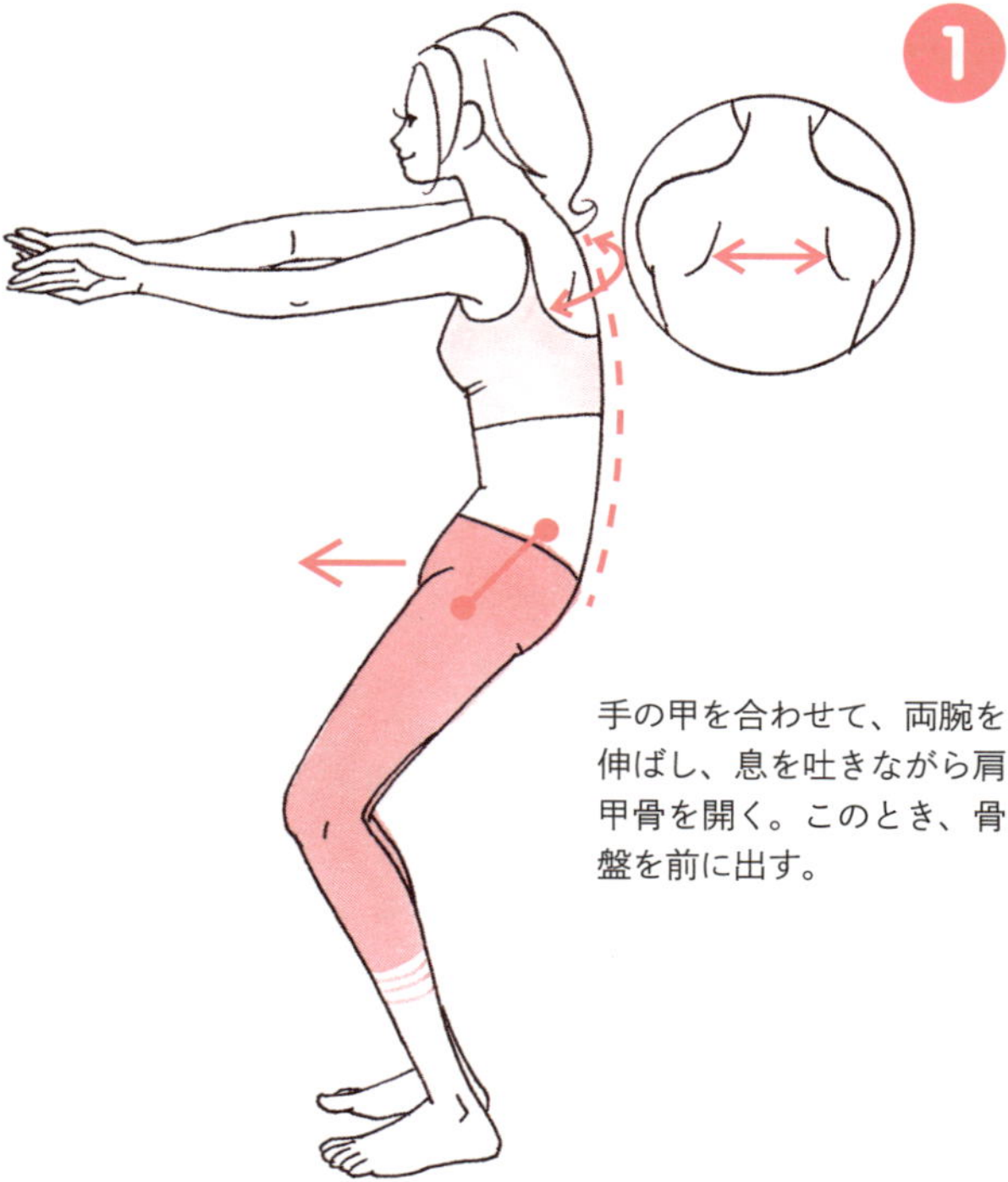

手の甲を合わせて、両腕を伸ばし、息を吐きながら肩甲骨を開く。このとき、骨盤を前に出す。

骨盤と連動させて肩甲骨を前後に動かします。腕はただ前後に動かすだけでなく、肩甲骨のつけ根から大きく動かすように意識して。呼吸に合わせて、前後の動きをゆっくりと5回行ないます。

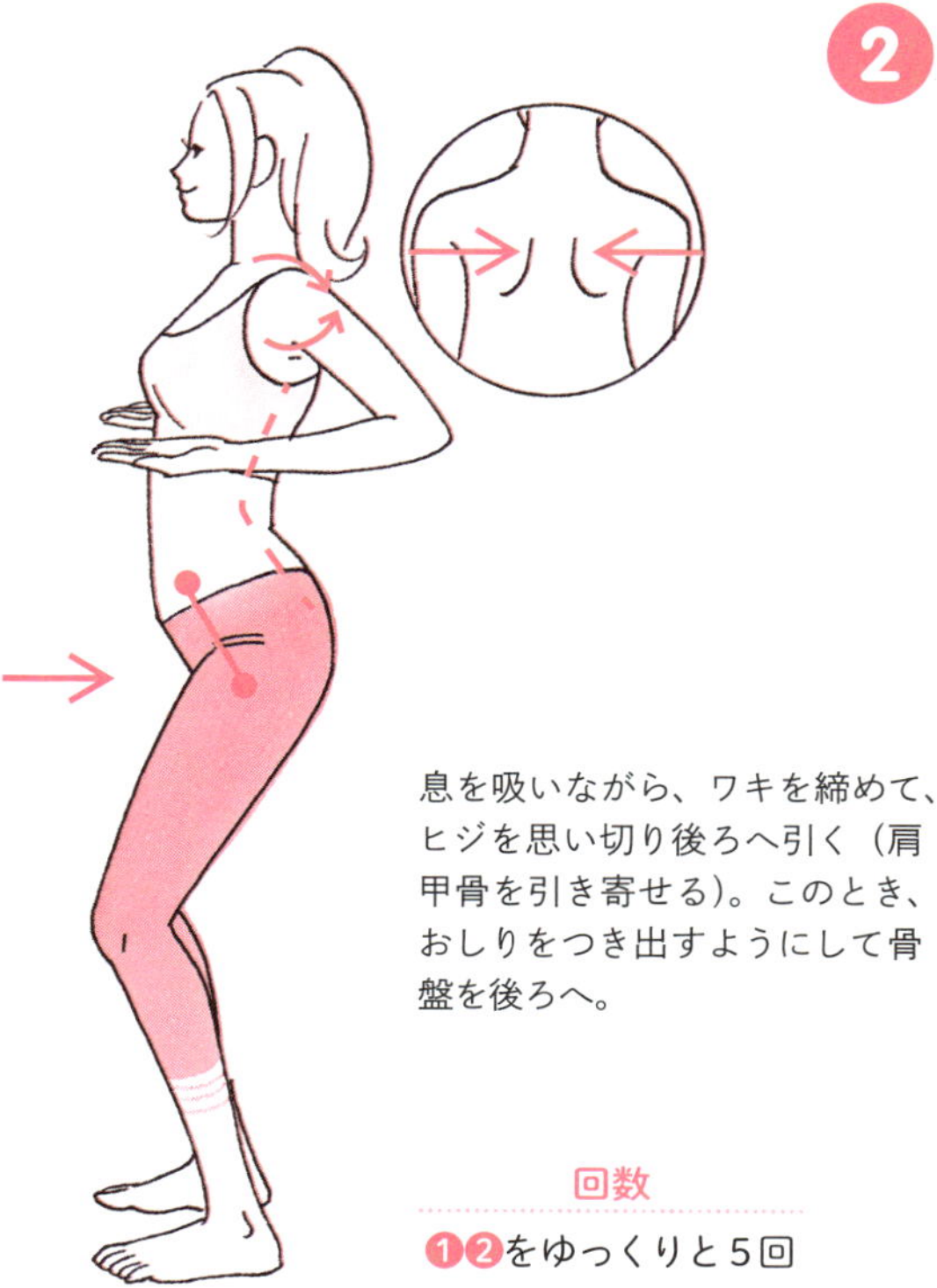

息を吸いながら、ワキを締めて、ヒジを思い切り後ろへ引く（肩甲骨を引き寄せる）。このとき、おしりをつき出すようにして骨盤を後ろへ。

回数

❶❷をゆっくりと5回

Point

腕は、肩甲骨のつけ根から
大きく前後に動かすように意識する

Basic 関節まわし⑤

肩甲骨まわし

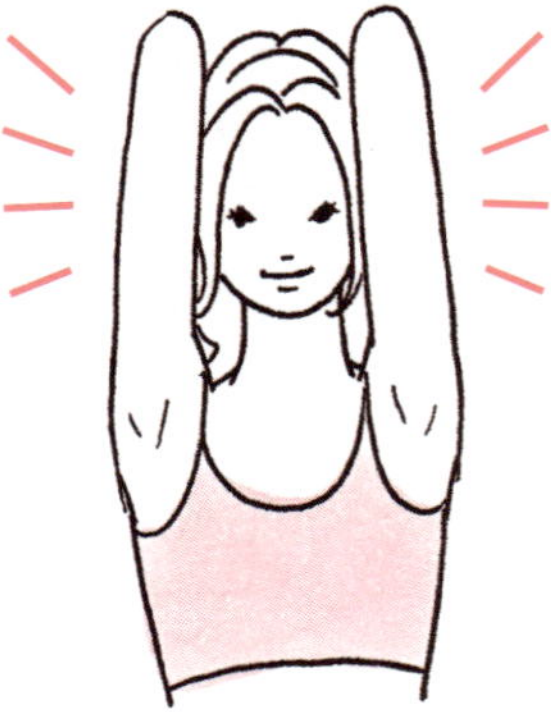

1

肩に手を添えたまま、二の腕が耳にくっつくくらい（前から見て耳のラインと腕のラインが並行）ヒジを上げます。そこから、前から後ろへ、ヒジで大きな円を描くようにして5回まわします。

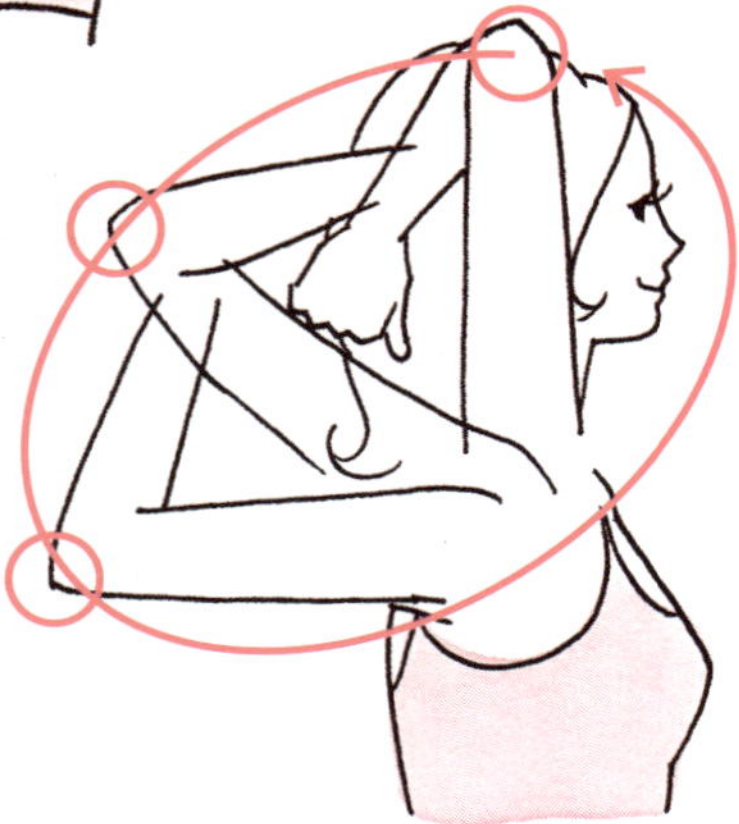

前から後ろへ、徐々に大きく動かしていき、肩甲骨や肩の関節をほぐします。

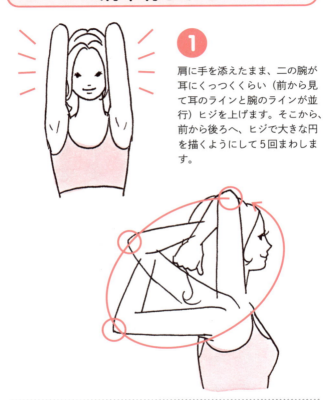

2 右手で左側の髪をかきあげるようなイメージで、前から後ろへ5回まわします。左も同様に。

3 背泳ぎをするようなイメージで、前から後ろへ5回まわします。
腕だけ回すのではなく、背中全体を使って大きく動かします。

Point

慣れないうちは片方ずつおこないます。慣れてきたら両肩同時におこなってもOKです。

首まわし

1
首のつけ根に両手を添え、上を見上げます。そのまま8秒キープ。

2
後頭部に両手を添え、頭と手の重みを利用してじんわりと下を向きます。そのまま8秒キープ。

首まわりのむくみを流して、顔もデコルテもすっきり！　無理をせず、ゆっくりと慎重におこないましょう。気持ちいいくらいがベストです。

3 鼻の高さを変えずにゆっくりと右を向きます。左も同様に。アゴがあがったり下がったりしないのが理想です。

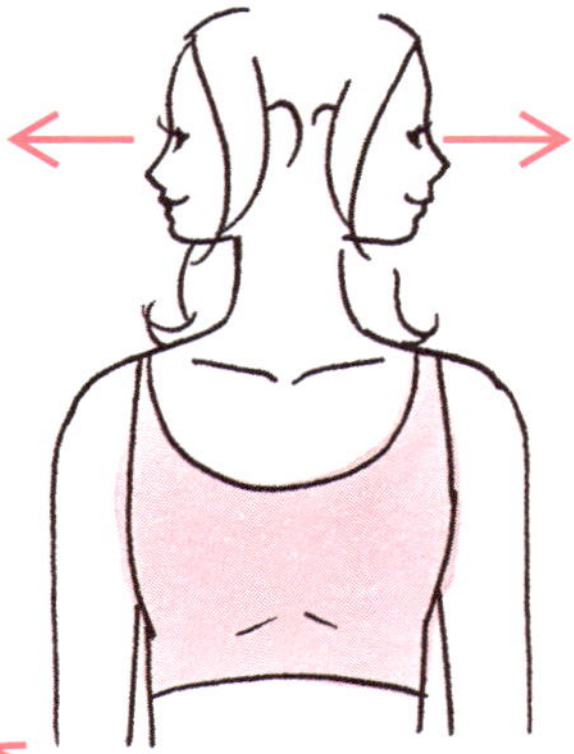

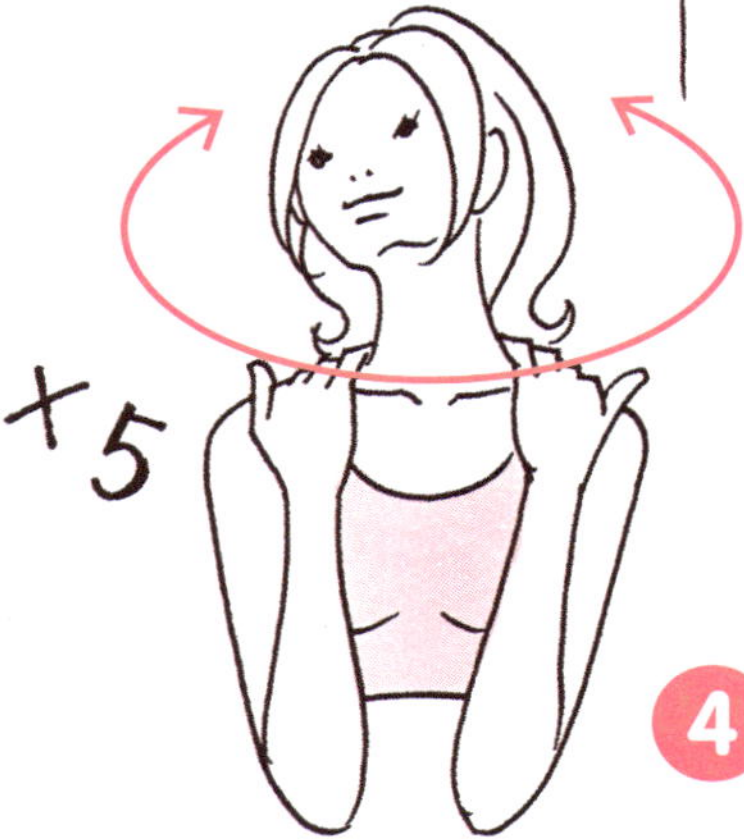

4 ぐるっと回転。ゆっくりと左右5回ずつまわします。

Point

以上がウォーミングアップの「関節まわし」。
簡単だから、いつでもできますね！

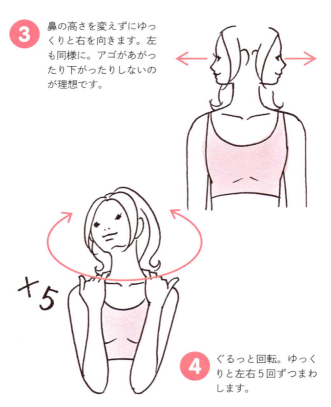

むだ肉とサヨナラする！背中のトレーニング

姿勢を意識することで、身体だけでなく気持ちにもハリが出て、「もっとキレイになりたい！」と、美への意欲が高まってきます。

そうなれば、次のステップに挑戦です！

筋肉に直接働きかけるエクササイズを組み合わせて、身体の変化にさらなる加速をつけましょう。

30回のところが、最初は5回しかできなくてもOK。少しずつでも
「ここを鍛えて、ここをキュッと引き締めるんだ！」
と、使う筋肉を意識することが大切です。

背中のトレーニング①

肋骨を締める

両手の平を下に向ける。
テーブルに雑巾がけをする
ような気分で、水平のまま、
なるべく大きく円を描く。

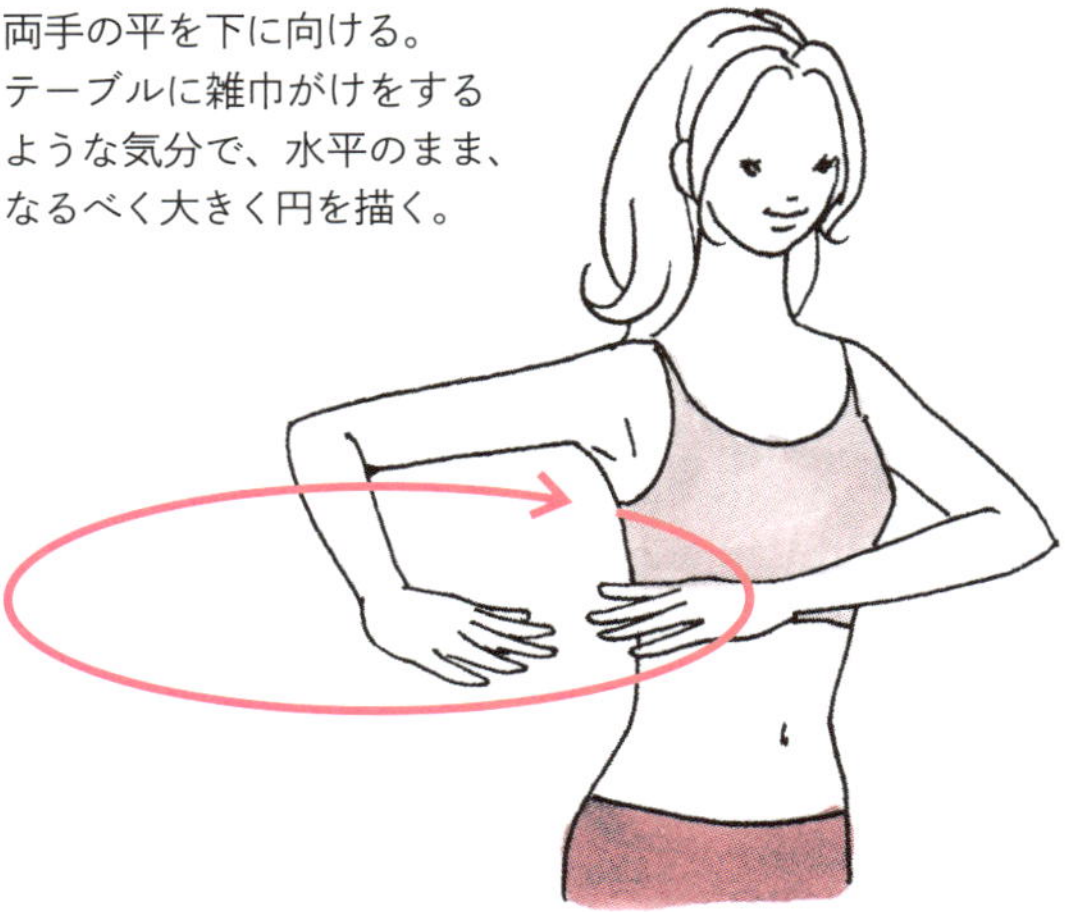

回数

右回り、左回りを各30回

腰から肩まで、テーブルの高さを変えながらやると、肩まわりをまんべんなくほぐせます。両手でタオルを持っておこなうと、手の幅を固定しやすくなります。

背中のトレーニング②

「天使の羽」羽ばたき体操

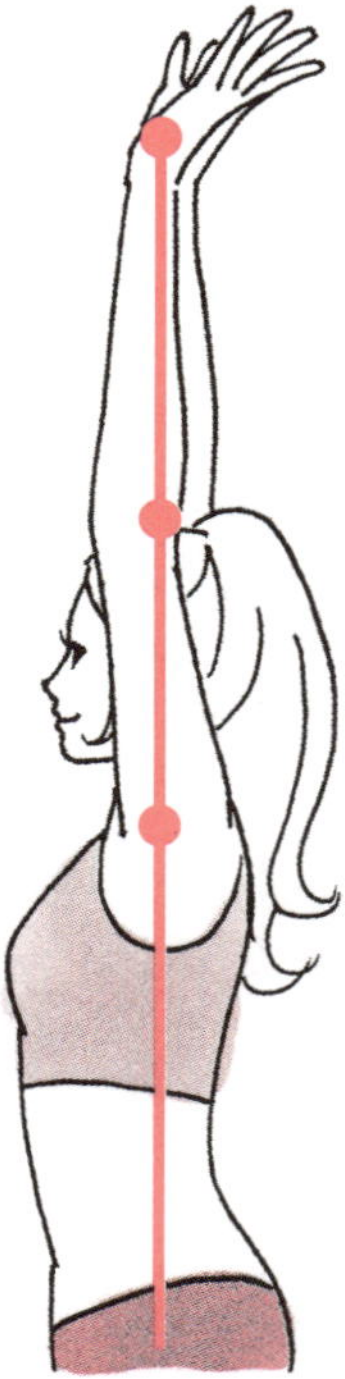

1

基本姿勢で、両脚を肩幅にひらいて立つ。ヒジの力を軽く抜いた状態で、肩が上がらないように意識して両手を上げる。このとき、骨盤、肩、ヒジ、手首がヨコから見て一直線になるように。

背中のタテの筋肉を引き締めて、背中のもたつきを解消します。

❷ 肩甲骨で背中を挟み込むような感覚で、両ヒジを背骨側へ近づける。ヒジを身体の前に出さないこと。４秒で下げて、４秒で上げて①に戻る。

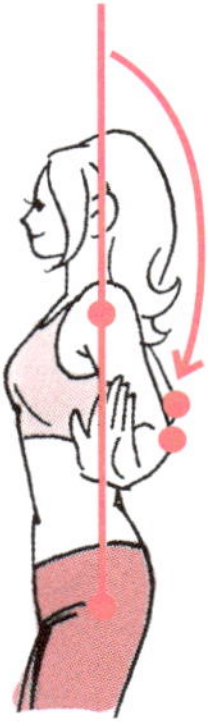

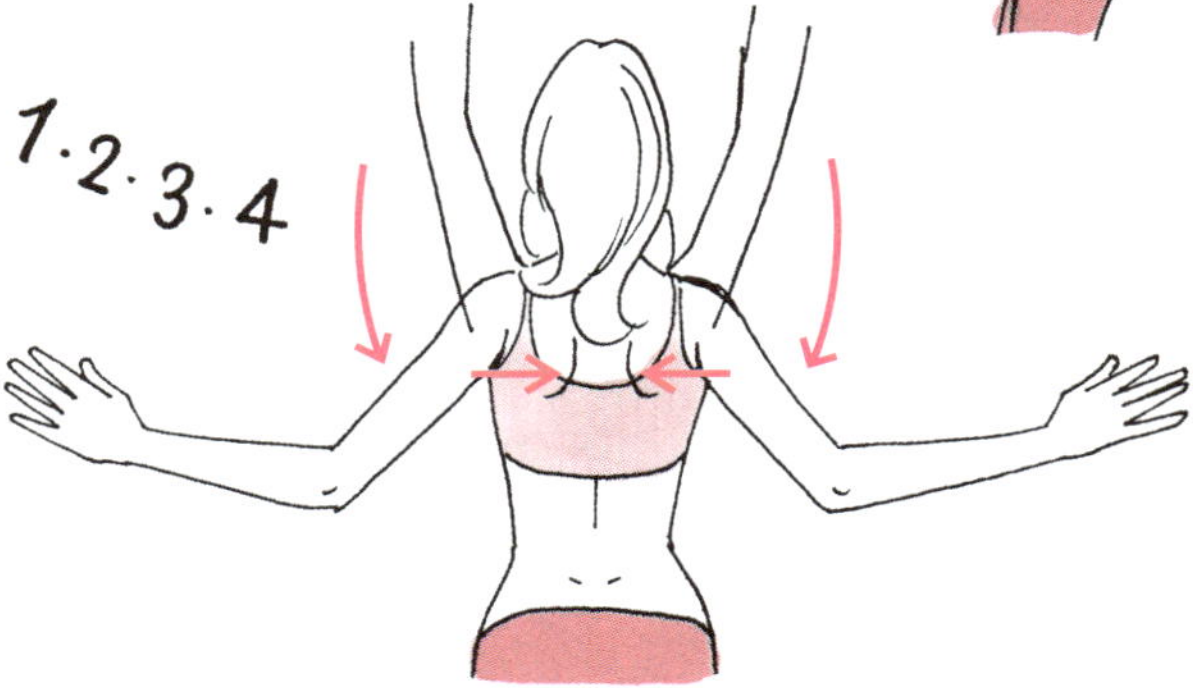

回数
❶❷を30回

Point

❷では肩関節だけ動かすのではなく、
肩甲骨ごと寄せることを意識する。

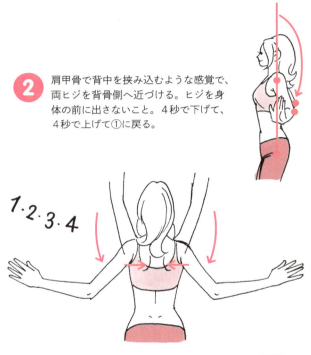

背中のトレーニング③

ペンギン体操

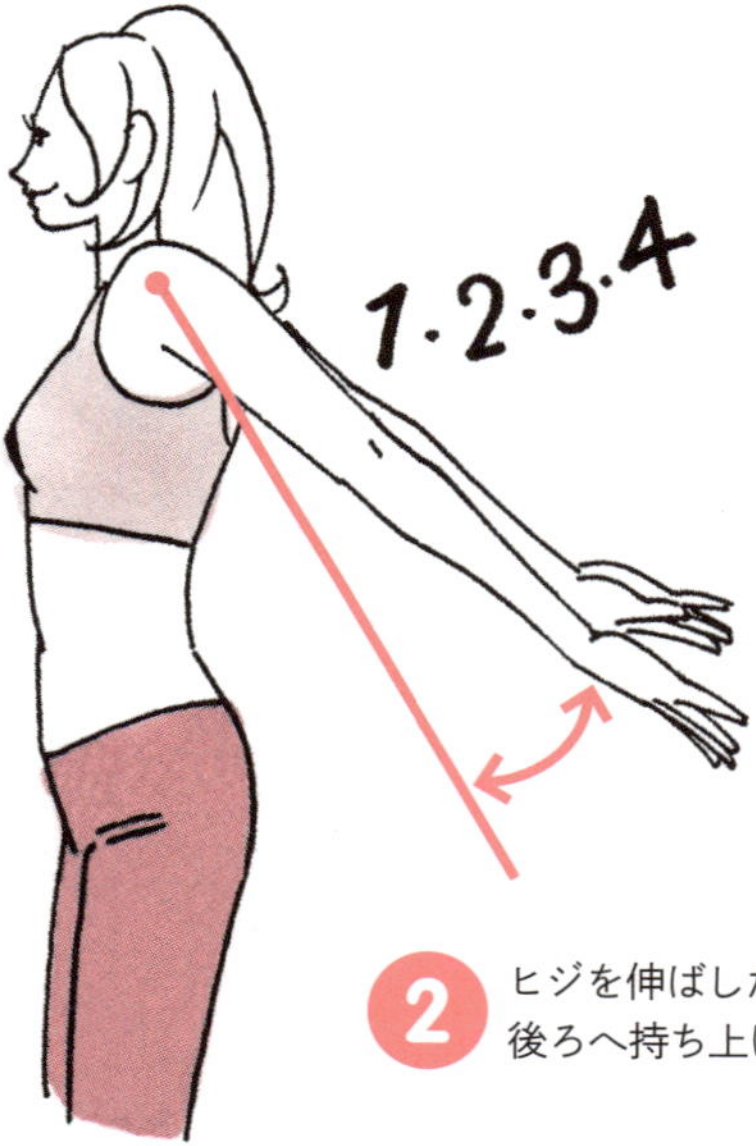

1

手の平を後ろに向けたまま、両腕を真下よりもやや後方へ伸ばす。ヒジは曲げずに伸ばす。

2

ヒジを伸ばしたまま、両手をさらに後ろへ持ち上げる。

回数

4秒で上げ、4秒で1に戻す。これを30回

基本姿勢で両脚を肩幅にひらいて立ち、腕を身体の後方で上下させます。肩甲骨で背中を挟み込むような意識で。背中の肉を絞って、ブラのはみ肉を撃退！

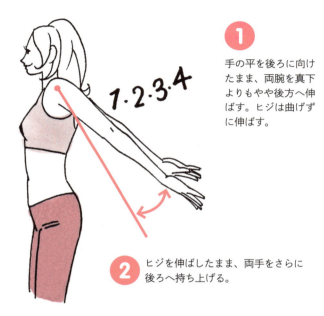

背中のトレーニング④

背中でゴム伸ばし

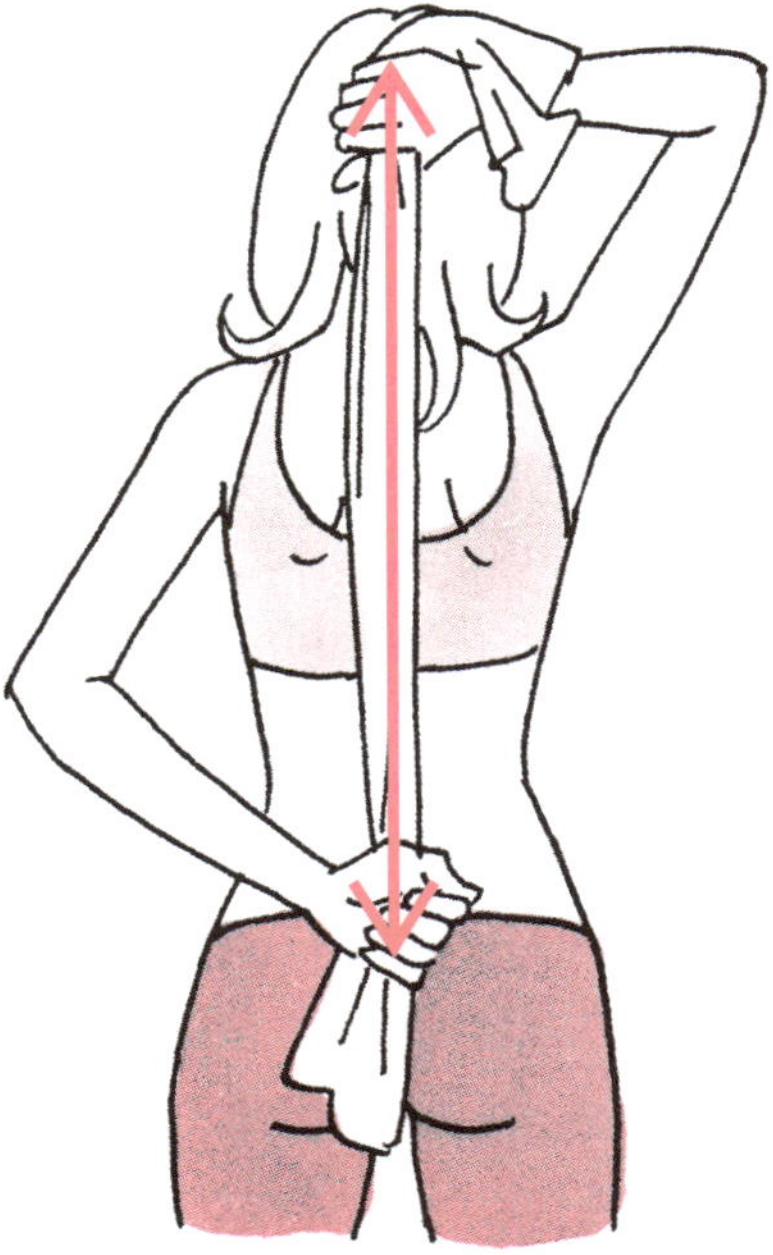

背中でゴムチューブを垂直に持ち、上下に伸ばす。左右に傾かないようにして。

回数

30 回伸ばしたら、
右手と左手を
逆にして同様に

肩甲骨ごと上下に動かすように意識します。チューブはなるべく背中から離し、チューブを持つ両手の間隔も離したほうが負担がかかります。

背中のトレーニング⑤

タオル8の字

1 タオルをピンと張って、頭の後ろ側までバンザイできるくらいの幅で持つ。

2 タオルを張ったまま、上体を右に傾けながら、右手で下からすくうように肩をまわす。

背中の上部にある「僧帽筋」を刺激します。僧帽筋は、重い頭や腕を支えている肩の筋肉。ここを刺激していくことで、ぜい肉が乗っかっていない肩に！

3

上体がまっすぐになったら、左手から、頭の上を前から後ろに通過させる。

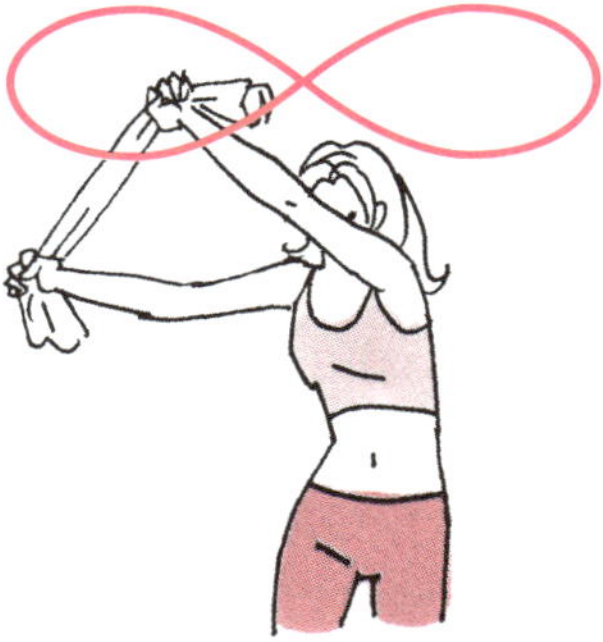

4

今度は、上体を左に傾けながら左手ですくうように肩をまわし、上体がまっすぐになったら、右手から頭の上を後ろに通過させる。

回数

右からスタートで10回、
左からスタートで10回、
計20回

Point

頭上になるべく大きな∞を描くつもりで、肩を片方ずつ、下からすくうように動かす

背中のトレーニング⑥

スキのポーズ

1 仰向けに寝て、イラストの姿勢になり、10秒キープ。
腰が上がらない人は、両手で身体を支えても可。

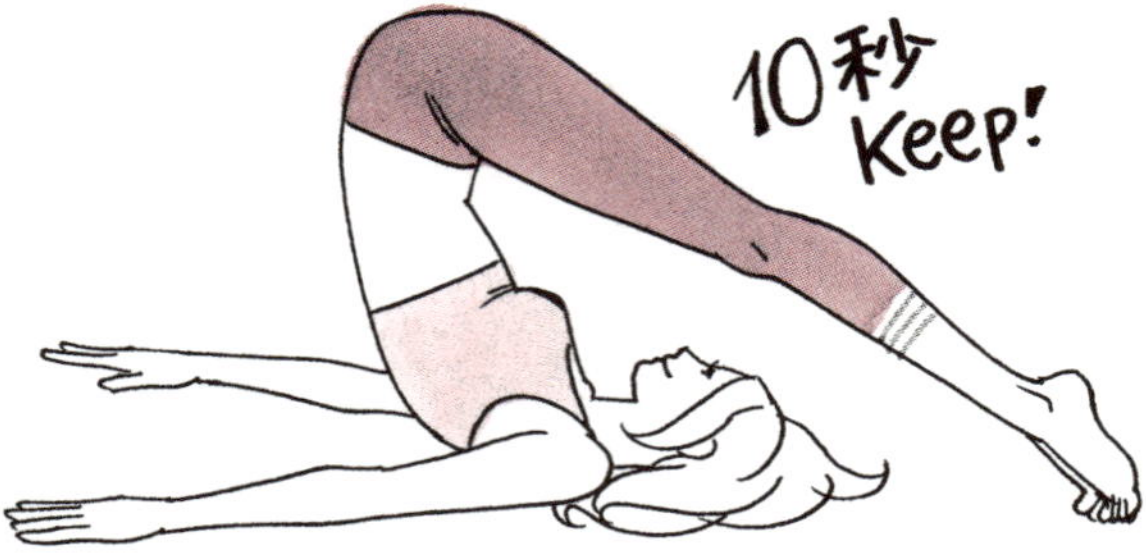

2 ゆっくりと背骨を床につけていき、仰向けの姿勢に戻る。

回数
1 2 を3回くりかえす

背筋から背中にかけてのぷよ肉を刺激します。仰向けになるときは、背骨を1個1個床につけていくような気持ちでゆっくりと。

背中のトレーニング⑦

コブラのポーズ

❶ うつぶせに寝て、胸の横あたりに指先を揃えて両手をつく。

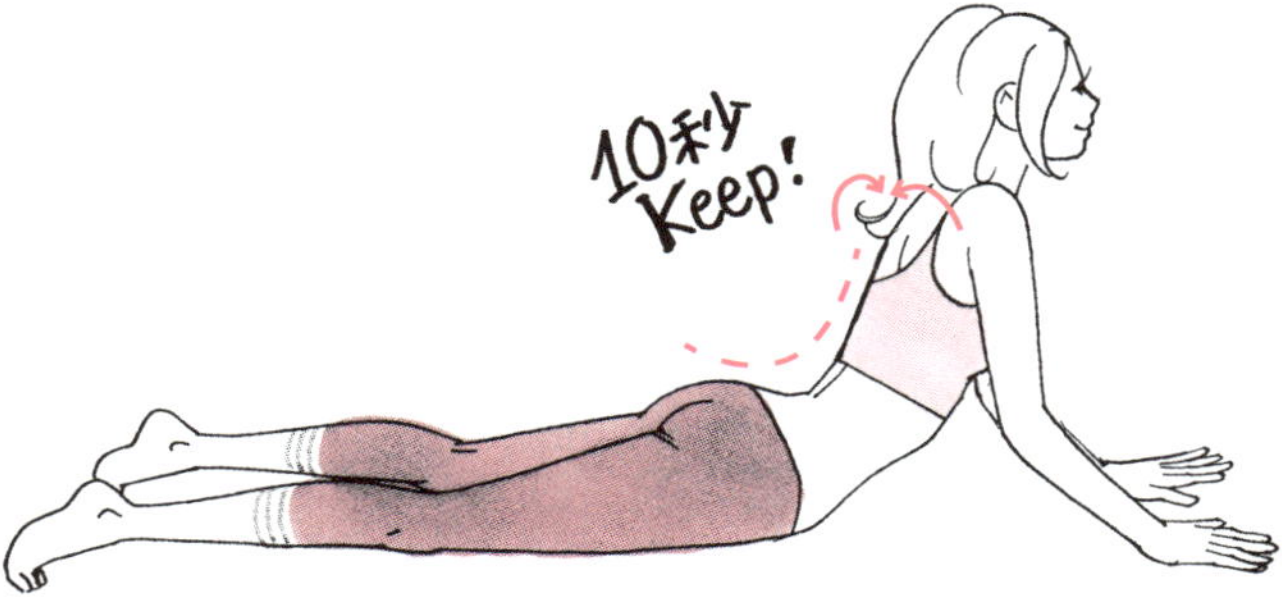

❷ ヒジを伸ばしながらゆっくりと上体を反らせる。10秒キープ。

回数
❶❷を3回くりかえす

おしりと背中を引き締めて、魅惑の美腰ラインをつくります。腰の痛い人は、無理をしないように。できる人は、❷で顔も上げて。

魅惑のバックスタイルをつくる！背中とおしりのトレーニング

肩甲骨を引き出して、身体のラインを美しく見せるには、**ヒジを身体の前に出さないこと**が前提となります。

腕をただ後ろに引いいただけでは、肩甲骨は背中の肉に埋もれてしまうだけ。広背筋や脊柱起立筋、僧帽筋などを使って、肩甲骨を背骨に引き寄せていきましょう。

また、背中がむくんでいては、キレイな陰影は出ません。

ここからは、「背中」と「おしり」の両方を一気に刺激するエクササイズを紹介します。

肩甲骨と骨盤の2点同時エクサで、魅惑のS字ラインが手に入りますよ！

背中とおしりのトレーニング①

バッタのポーズ

8秒キープ。いったん力を抜き、2秒後に再度アップ。

回数

10回くりかえす

うつ伏せになり、息を吐きながら、顔を正面に向けて両手両脚を引き上げます。手脚は曲げずに、頭側と足側に引き伸ばすように意識して。背中&ヒップ&脚を1度にシェイプ！

猫のポーズ

1 腕と太ももが垂直になるように
四つんばいになる。

2 息を吐きながら背中を丸め、お腹をへこませて、
アゴを引き、両腕の間に頭を入れる。そのまま
呼吸をしながら 10 秒キープ。

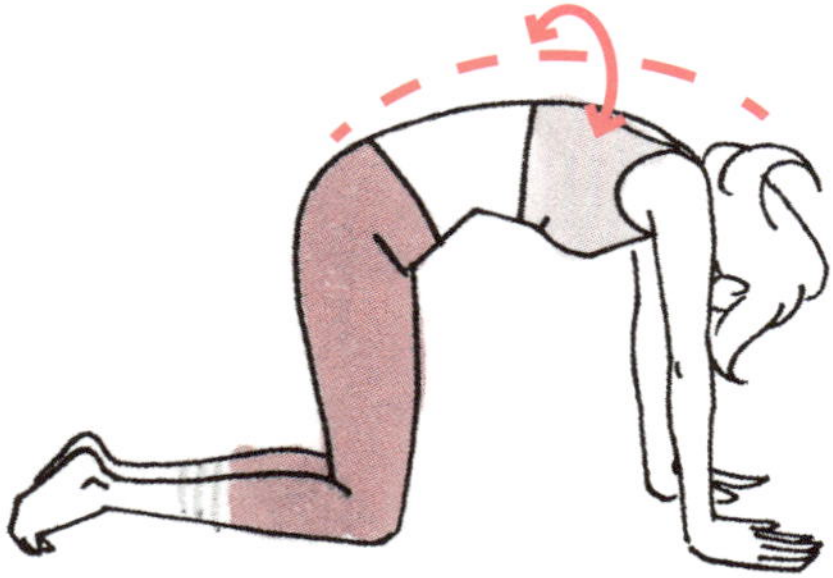

3 息を吐きながら背中を反らせて顔を上げ、
呼吸をしながらそのまま 10 秒キープ。

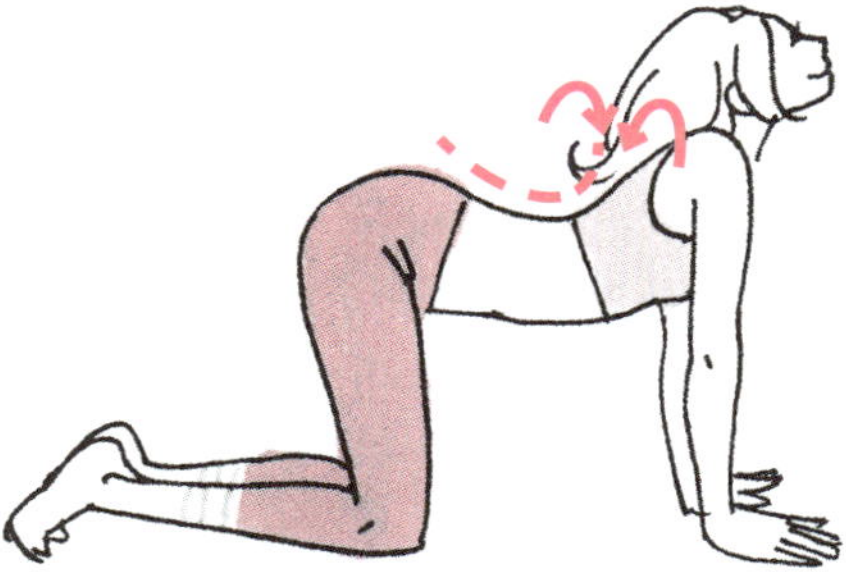

回数

❷❸を3回くりかえす

Point

背骨を前後させて、
背筋に美しい一筋を生み出す

待ってのポーズ

猫のポーズ（P82）の❶の姿勢から、右手を頭のほう、左脚を後ろに伸ばす。手と脚が水平になるようにして 10 秒キープ。

回数

手脚を入れ替えて同様に。
左右 20 回ずつ

身体の軸から鍛えて、美に磨きをかけるエクササイズです。
手と脚を上下に引き伸ばすように意識しましょう。

スペシャル

手を伸ばす代わりに、ダンベルまたはペットボトルを持ち、ヒジを真上に引き上げる。二の腕と肩甲骨の負荷を加えた、全身に効くスペシャルエクササイズ。

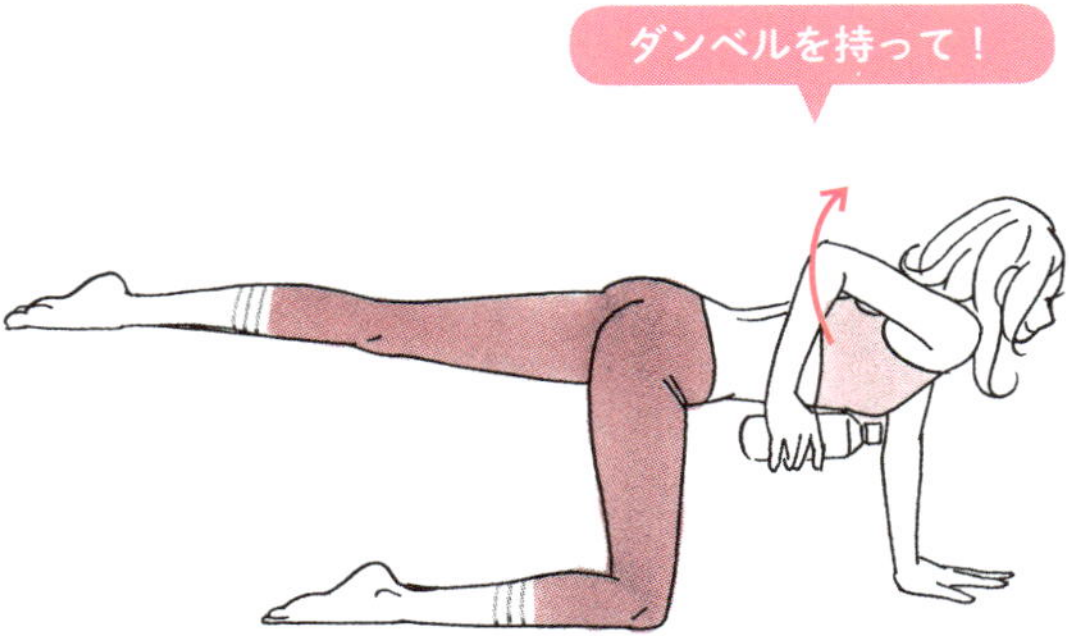

Point

脚が水平になるよう
後ろにグッと引き伸ばすよう意識する

背中をもっと美しく見せるための二の腕トレーニング

二の腕にぷよぷよした肉がつくのを嫌う女性は多いようですね。二の腕に肉がつくのは、背中に肉がつく理由と同様、まず日常生活で使っていないから。

細い二の腕をつくるのにも、肩甲骨が重要ポイント！


これから紹介するトレーニングで、二の腕を使うようにしていくことが前提になりますが、写真に写るときなど「すぐに細見えしたい！」というシーンでの即席ポイントは、**腕を身体から離すこと**。腰に手を当てるなどして、三角形（身体と腕とのあいだの空間）をつくることを意識すると良いです。

そして、肩は少し後ろに引いて、肩関節（肩とつながっている腕の付け根）を見せると、なお美しく見えます。

二の腕トレーニング①

腕ねじり体操

両腕を大きく真ヨコにひらく。手は親指を立てる「good」サインに。右手の親指を上に向け、左手の親指は下へ。反対に、左を上にしたら右を下に。交互に腕の付け根から思いきりねじる。

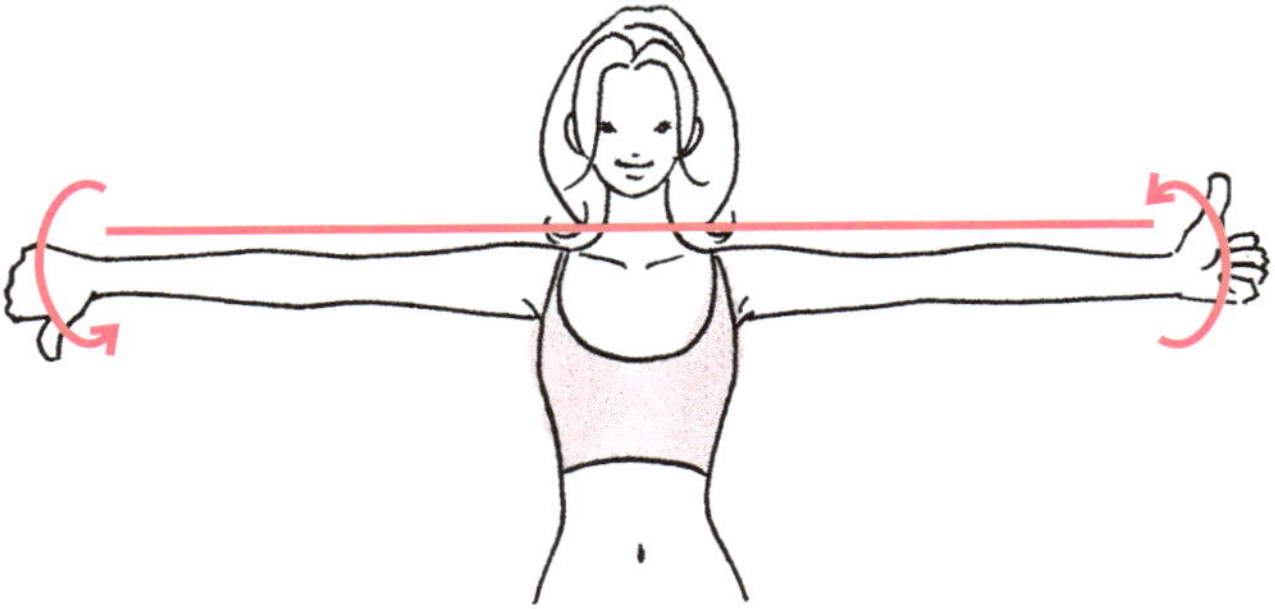

回数

左右交互にねじるのを 50 回

腕が下がらないようにしておこないます。ゴムチューブやタオルを親指以外の指で握っておこなうこともできます。このとき、タオルがたるまないよう意識して。

二の腕トレーニング②

キラキラ星体操

両腕を上げて、手の指を思い切りひらく。親指を、思い切り外側へ向ける。肩や手首は固定したまま、雑巾を絞るような感覚で腕の根元から思い切りねじる。

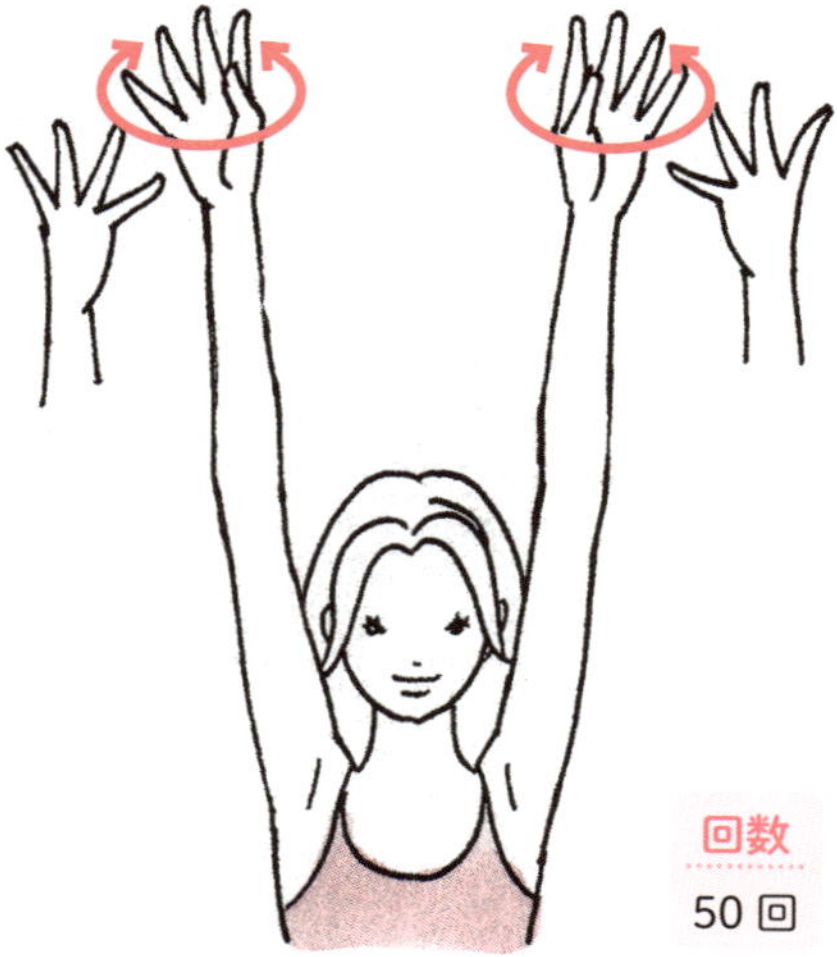

回数
50回

Point

途中から腕が下がったり、
ヒジが曲がってきたりしないように注意

4章

「おしり」は
こうして美しくなる

ハート形のヒップをつくる、おしりのトレーニング

3章では、肩甲骨と連動して骨盤も動くことを紹介しました。それに加えて4章では、おしりの筋肉や骨盤に〝直接〟アプローチしていく方法を紹介していきます。

美背中7箇条の1つである「天使のえくぼ」を出したいなら、**骨盤を整えること、そのうえで筋肉を鍛えること**が必要となります。

また、「S字ライン」は肩甲骨と骨盤、背骨などの関節がやわらかくないと出せないものです。そして骨盤内の筋肉が締まっていないと、おしりの「しっぽ」の部分にあたる「仙骨《せんこつ》」を自在に動かすことはできません。

骨盤には何枚もの骨が重なっています。正面からだけアプローチすればいいわけではなく、高さも考慮しながら、ゆがみ、ねじれを整えていくのです。

おしりのトレーニング①

腰上げ体操

1 仰向けになり、手の平を上に向けて身体の横に添えたら、両ヒザを揃えたまま立てる。

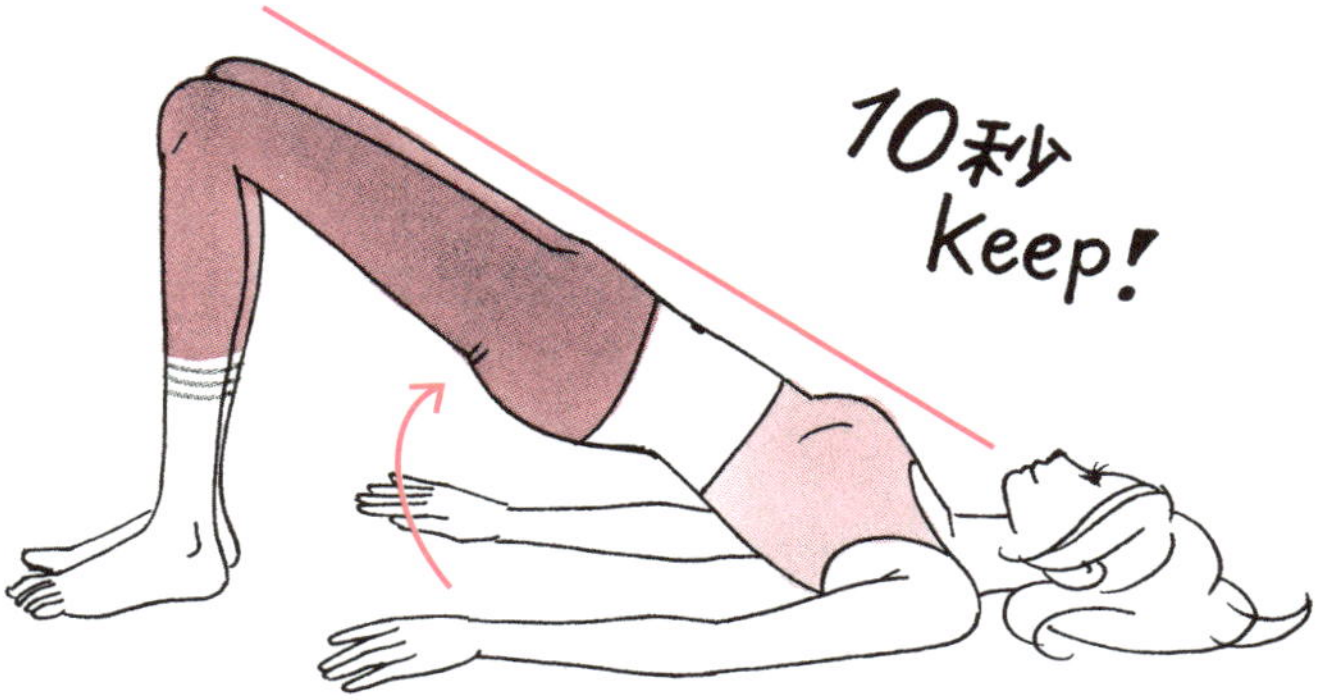

2 両ヒザを揃えたまま、背中と腰を持ち上げて10秒キープ。

回数
①②を10回

ヒザがひらく人は、ヒザの間にクッションやタオルを挟み、内ももを意識するとベター。さらに強度を上げてもOKな方は、片脚を伸ばして10秒キープ！　反対側も同様におこないます。

おしりのトレーニング②

ヒザまわし体操

1 仰向けになり、両ヒザを揃えたままヒザを90度くらいに曲げる。ヒザで円を描くようにまわす。

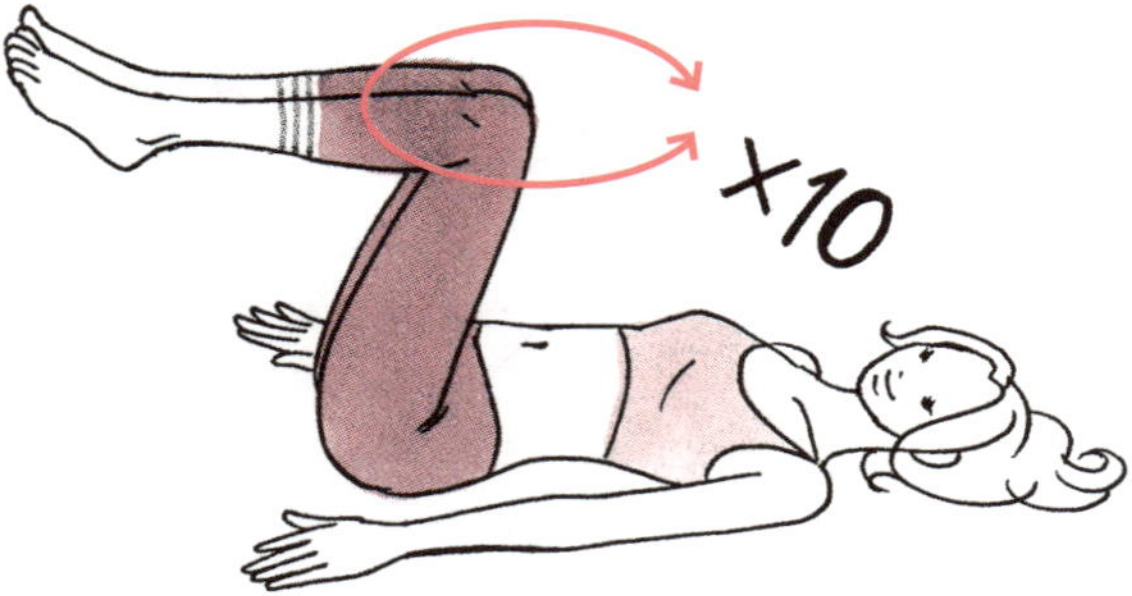

回数
左まわし、右まわし、各10回ずつ

肩甲骨と骨盤を意識して、動きをスムーズにします。ヒザまわし体操の後、普段よりもラクに床から立ち上がれたら、骨盤が整った証拠です。

2 両手を真ヨコに伸ばす。ヒザを 90 度にしたまま、床につくまで左側に倒す。顔は右に向ける。そのまま 10 秒キープ。反対側も同様に。

回数
左右1回ずつ

Point
肩が床から離れないように注意

おしりのトレーニング③

脚上げ体操（ヨコ向き）

1 左側を下にして床に横になる。左手のヒジを肩の真下で90度に曲げて上体を支え、両脚のヒザも軽く曲げる。右手は身体の前に自然におく。

2 右脚を伸ばし、足首をスネと90度の角度で固定する。ヒザとつま先を正面に向けたまま、右脚を上げて10秒キープ。反対側も同様に。

回数
左右10回ずつ

おしりのトレーニング④

脚上げ体操（立ったまま）

壁に左手を添えて立つ。右の足首は90度に固定、ヒザを伸ばして右脚を真後ろに上げる。少ししか上がらなくてもおしりのつけ根の筋肉が引き締まっているはず。

回数
左右30回ずつ

脚上げ体操「ヨコ向き」では腰のサイドを引き締め、「立ったまま」ではたるんだももとおしりに刺激を与えます。

おしりのトレーニング⑤

カンフーキック

1

壁に左手を添え、右ヒザを真ヨコに上げて片足立ちに。右ヒザは90度に曲げたまま、股関節からひらくようにする。

脚の付け根、ヒザ、足首がなるべく同じ高さになるようにします。上体はできるだけまっすぐをキープ。ヒザをやや前に上げて蹴ると、ヒップやももの後ろといった部位が鍛えられます。

2

キックの要領で、右足を真ヨコへ蹴り出す。脚の高さをなるべくキープして。

回数

左右 30 回ずつ

Point

ローライズジーンズの
腰にのっかるはみ肉を撃退！

ヨコ移動スクワット

1 足を肩幅にひらいて立つ。腕は伸ばし、胸の高さでタオルを水平に持つ

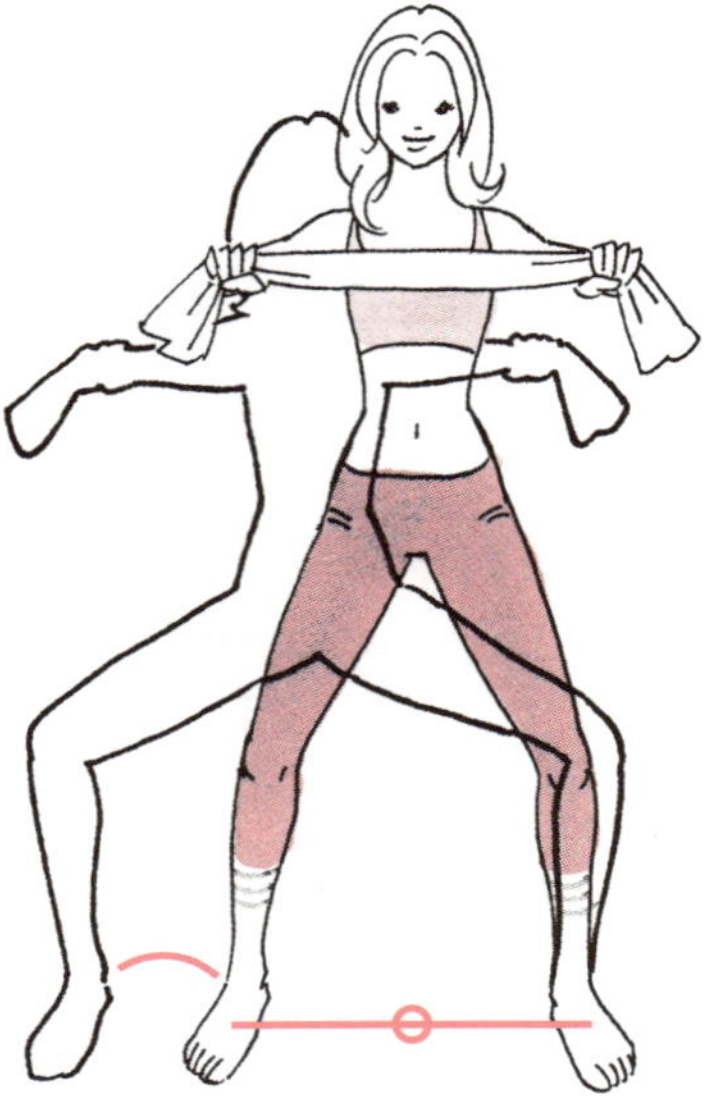

ヨコ移動しながらスクワットをおこないます。ヨコに広がったおしりをサイドからキュッと立て直すエクササイズです。

❷ 右脚を右に踏み出すと同時に、つま先とヒザを正面に向けたまま、空気椅子に座るように腰を落とす。

❸ 右脚を閉じて❶に戻す。上体はまっすぐに引き上げる。

回数
左脚も同様に。
左右交互に30回

Point
かがんだとき、ヒザがつま先より前に出ないようにする

おしりとあわせて…お腹と太もものトレーニング

グラビアアイドルの人たちがやっている、「女豹《めひょう》のポーズ」。四つんばいになって、まるで猫が伸びをするかのように、腰をグッと突き出して、甘えるような目線を投げかけるセクシーなポーズです。

女性の身体は女性ホルモンがあるために、男性とは異なる丸みを帯びたラインをしています。女性の身体がしなやかな曲線を描くことは、女性らしさの象徴なのです。つまり、女豹のポーズがつくるS字ラインは、成熟した大人の女性であるサイン。

こうしたゆるやかなカーブをつくるには、日頃から肩甲骨や骨盤、背骨をゆるめる準備体操が大切です。ここ数年、注目が集まっている「スクワット」は、太ももだけでなくヒップにも効きます。関節をゆるめて筋肉を鍛えて、キレイなS字ラインを効果的に出せる、大人の女になりましょう!

お腹のトレーニング①

ウエストねじり

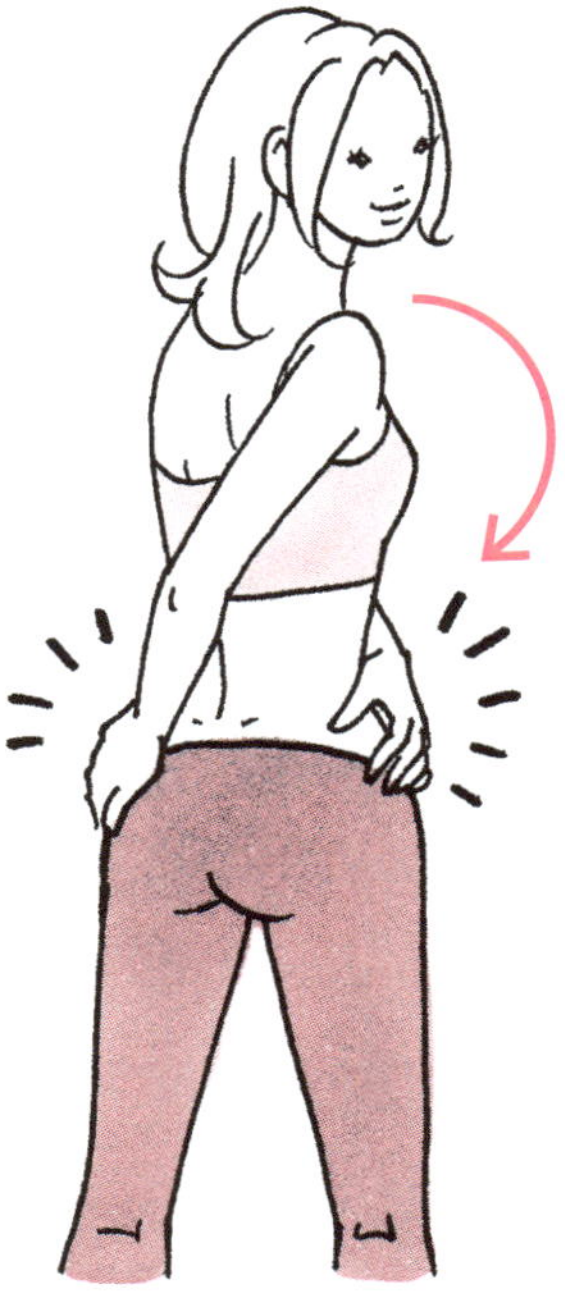

脚を肩幅にひらき、身体を右にひねって、両手で骨盤の左右の出っ張りにタッチ。反対側も同様に。

回数

左右交互に 30 回

腹斜筋・後背筋を刺激して、ダイナミックなくびれラインを手に入れます。手だけで触るのではなく、上体を引き上げたまま肩甲骨ごとグッとねじるイメージで。

わき腹つぶし

1 脚は肩幅より広めにひらき、ヒザとつま先の方向を揃え、骨盤を固定する。左手を耳もとに軽く添え、ヒジは身体の真横にくるように。

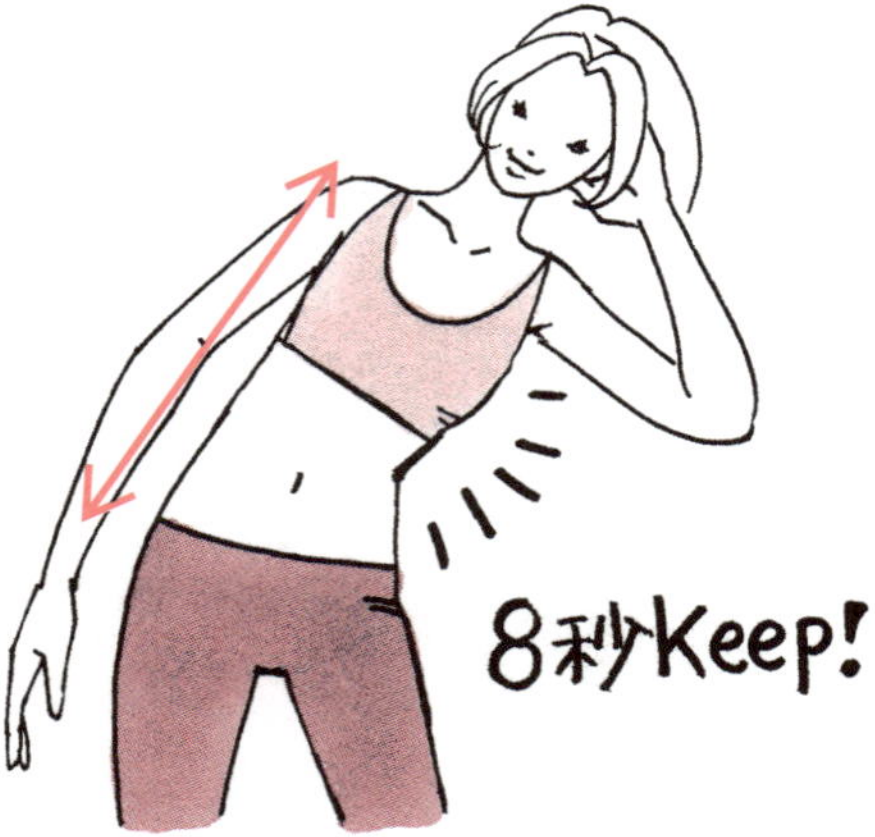

2 その姿勢から、左の肋骨と骨盤でわき腹の肉をつぶすような感覚で上体を左に倒して8秒キープ。反対側も同様に。

回数
左右交互に30回

腹斜筋に働きかけて、お腹の奥から引き締めます。❷のとき、右のわき腹が伸びていることを意識します。

お腹のトレーニング③

脚上げ

1 仰向けになり、脚を揃えたまま
45度くらいまで上げて8秒キープ。

2 脚を床すれすれまで下げる。

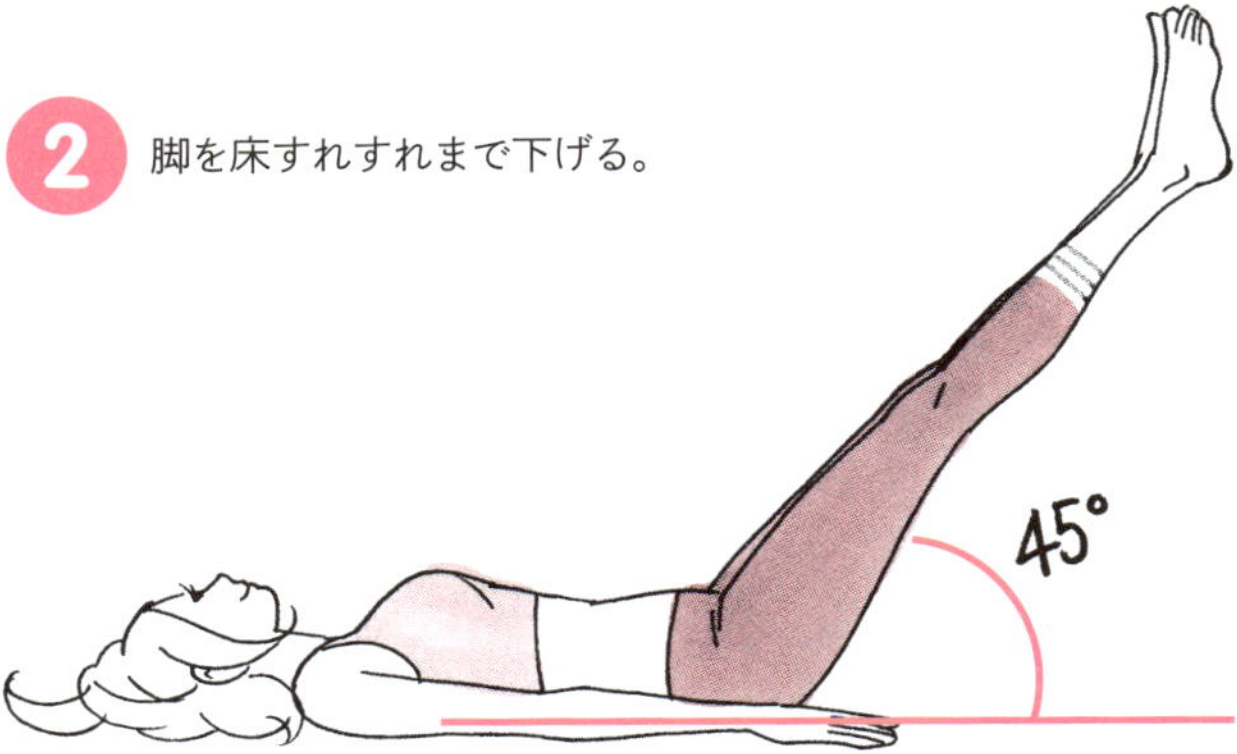

回数

❶❷を20回くりかえす

腹直筋を鍛えて、ぽっこりお腹を引き締めるエクササイズです。腰が弱い人は、両手を腰の下に入れておこなうと腰の負担が軽減されます。

太もものトレーニング①

スクワット

タオルを持ち、両腕を胸の高さで肩幅にひらく。背筋を伸ばしたまま、空気椅子に座るようなイメージで腰を斜め後ろに落とす。

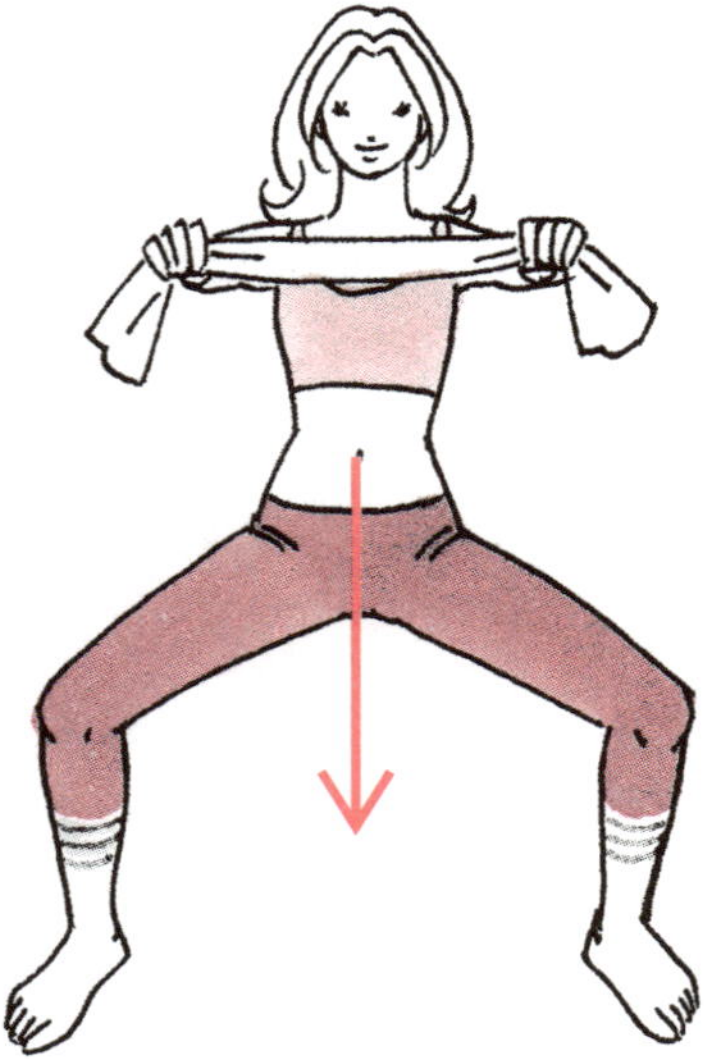

大きな筋肉のある足腰＆太ももを鍛えて、ダイエット効果アップ！　美姿勢の土台づくりをしっかりおこなうエクササイズです。

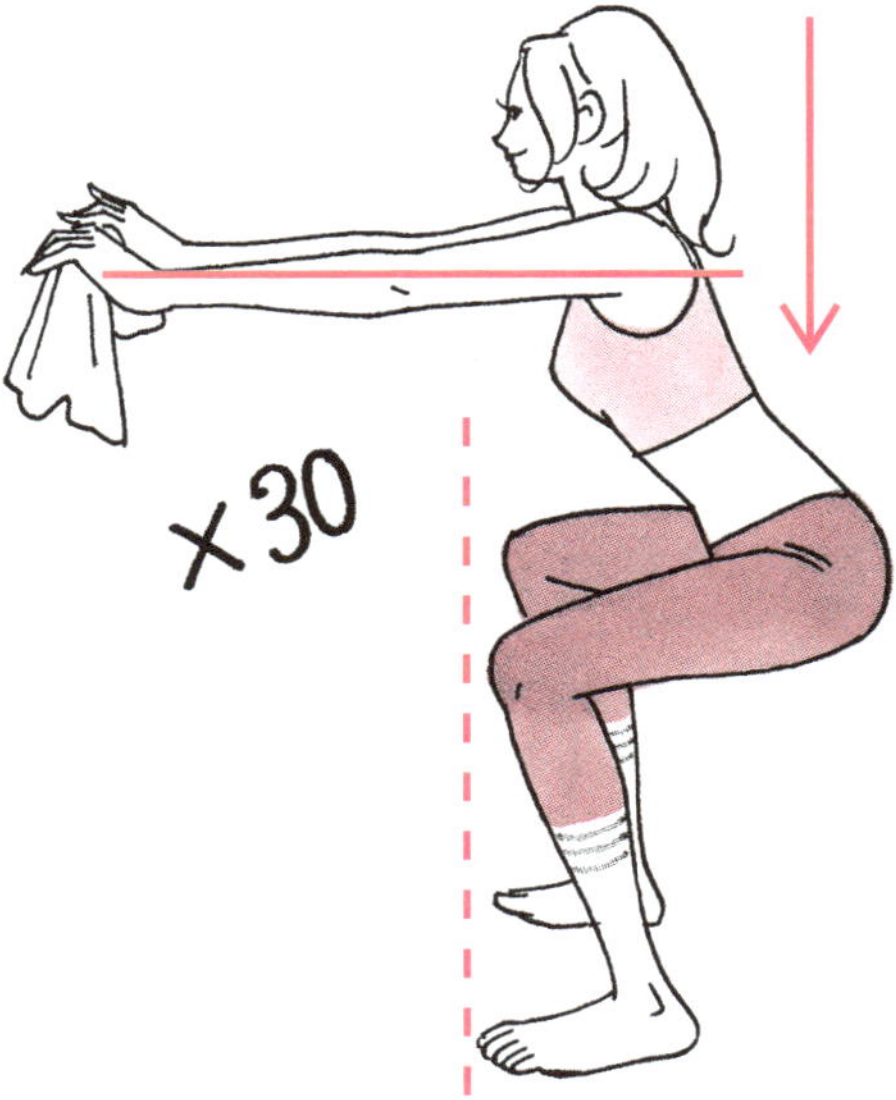

回数

呼吸をとめずに30回

Point

ヒザはつま先より前に出ない。
両腕は水平のまま、猫背にならない。

もも上げ

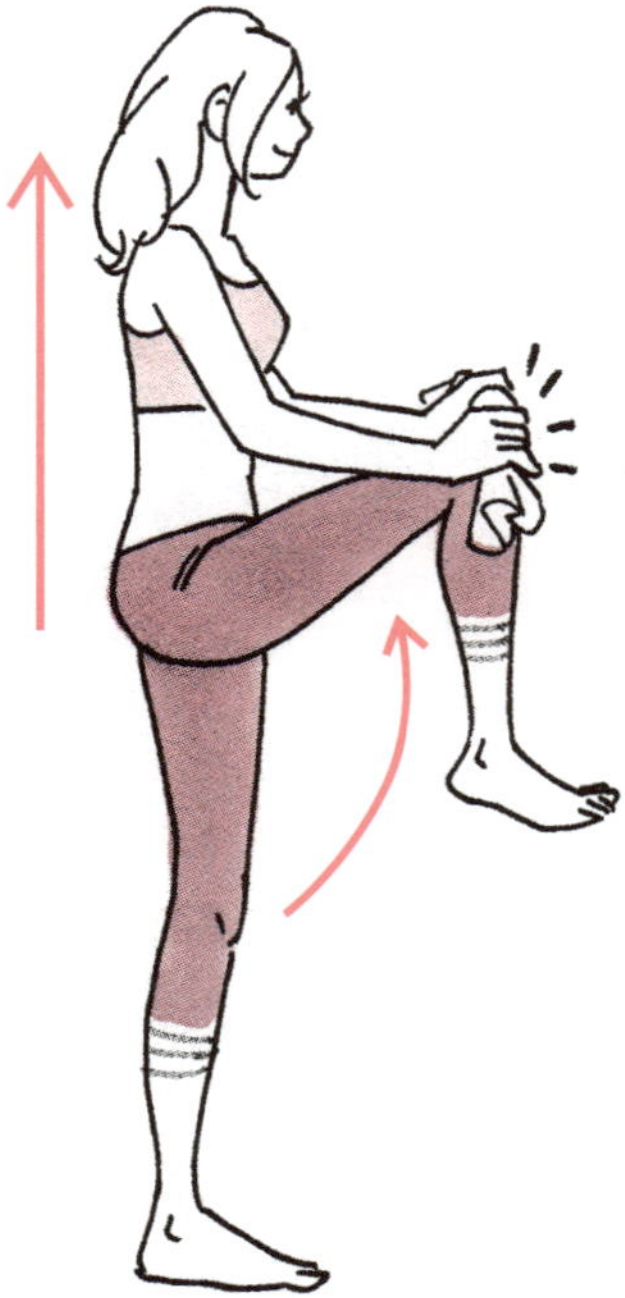

1
両手でタオルを持ち、ヒジを90度曲げておヘソの高さにキープする。

2
上体を引き上げたまま、右のももを上げてタオルにタッチ。左脚も同様に。

回数
左右交互に50回

大腰筋と体幹部にアプローチするエクササイズです。疲れてくると猫背になったり、上体が左右にブレたり、手が下がってきたりするので、なるべく姿勢をキープしながらおこないます。

5章

朝、起きた瞬間から自動的に美しくなっていく

〜日常動作を意識して、もっと美しい
背中とおしりをつくる〜

基本の立ち方――肩甲骨を意識したウォーキング

2章で基本姿勢「壁立ち法」を紹介しました（P44）。
壁立ちの後は、全身鏡の前で、まっすぐ立っているかチェックします。
これを朝出かける前と、夜帰ってきてからの1日2回、おこなってみてください。

壁立ち法のチェックポイント

- □正面から見て、鼻、アゴ、胸の谷間、おヘソ、脚の間、くるぶしが一直線になっていますか？
- □肩と骨盤は、床と平行になっていますか？
- □横から見て、耳、肩、指先、ヒザ横が一直線になっていますか？

もし、ふくらはぎが壁につかなかったとしても、関節の力で無理やり押し付けようとしてはいけません。ウォーキングやストレッチで、徐々に改善していきましょう。

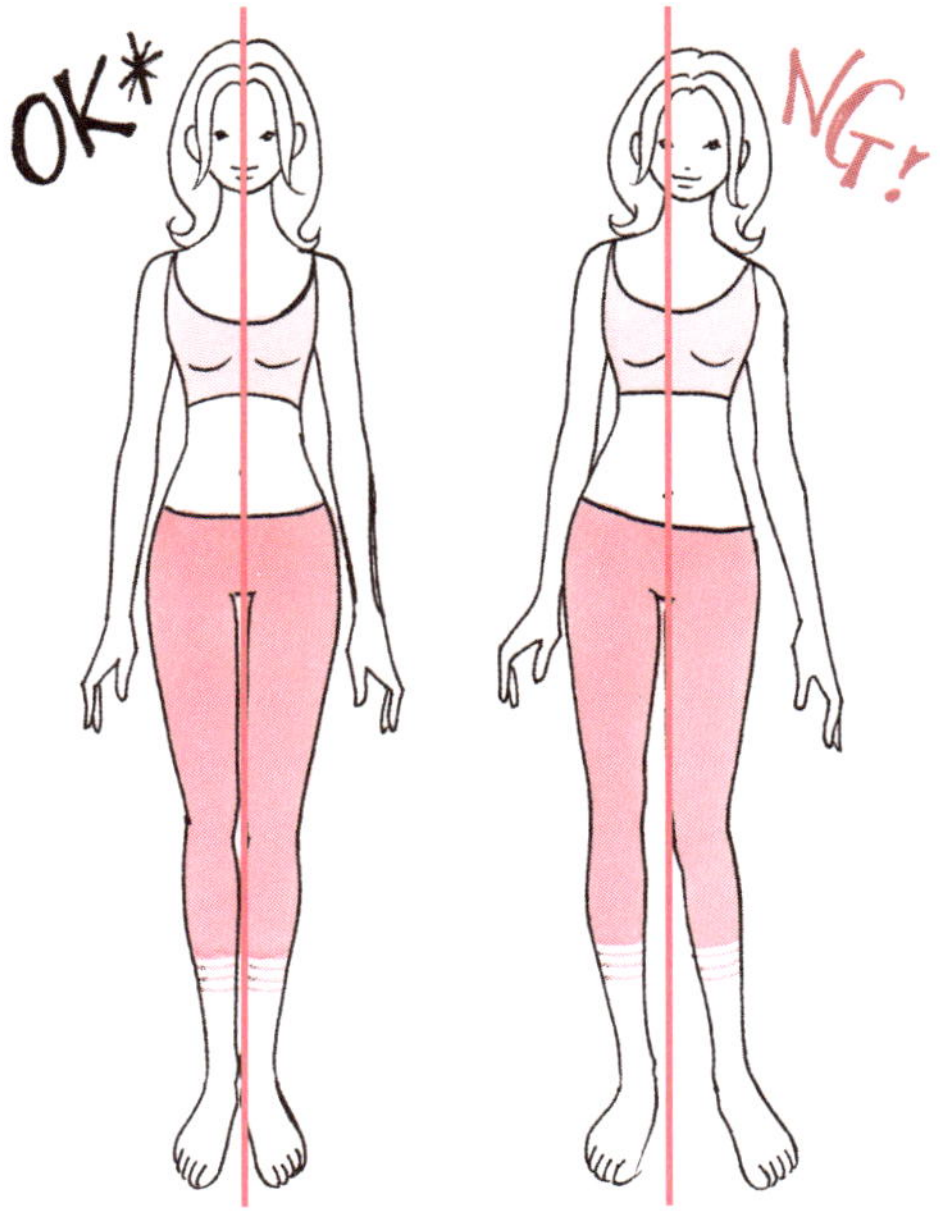

肩甲骨ウォーキング――歩くことで背中とおしりがやせていく

肩甲骨を意識したダイエット&ウォーキングの魅力は、なんといってもお金がかからないこと！　いつでもどこでも、誰でも、意識するだけで実行できます。

エステに贅沢に通えるお金持ちの人が、キレイなのは当たり前。でも、エステなどで、人の手を借りてつくりあげた美しさは、人の手がなくなった途端に維持できなくなります。人にやってもらうのと、自分で意識してつくりあげた筋肉では、質が違ってきますから。

筋肉量を増やしながら脂肪を落とせる！

誰でも、難しいことは毎日続けられません。その点、肩甲骨を意識した姿勢もウォーキングも、簡単だから誰でも続けられるのです。日常で、自分で努力して積み重ねてきた美の貯金って、想像以上に将来に大きな差を生むんですよ。

ウォーキングは有酸素運動なので、脂肪を燃焼しやすく、続けていれば絶対にやせます。ダイエットには、息が上がって無酸素運動になるランニングより、ウォーキングのほうが適しているのです。

それに、わざわざ着替えなくても、通勤やショッピングなど、普段の歩きを意識するだけでOK。歩くのは日常生活の積み重ねであって、無理なことではないので、リバウンドの心配もありません（無理なことをするから、後でリバウンドするのです）。

それどころか、筋肉量を増やしながら脂肪を落とせるので、筋肉が増えたことで基礎代謝が上がり、その結果、前と同じだけ食べていても、太りにくい体質になります。

とくに、**基礎代謝が落ちてきて自然と太りやすくなる30〜40代の女性にとって、筋肉量を減らさないことはダイエットをするうえで重要なポイント**です。

ウォーキングは全身運動。血行がよくなるので、肌も透明感が増してツヤツヤになってきます。リンパの流れもよくなるので、むくみや老廃物の滞りが解消されて、顔も身体も全体的に見た目がスッキリとしてきます。

肩甲骨ウォーキングは、気持ちも前向きに！

また、ウォーキングはストレス解消にも効果的。深呼吸と全身運動によって、**歩いているると気持ちが落ち着いてきて、悩みごとがあっても忘れるくらい、頭も心も軽くなります**。この気持ちよさがやみつきになって、ウォーキングを続ける生徒さんも多いのです。ほんとうに気分転換になるのでオススメです。

考えごとをするとき、机でじっとしているよりも、ウロウロ歩いているうちにアイデアがひらめくことがありますよね？　精神的なこともあるでしょうが、実際、歩くと血流量がアップして脳に血液がまわるから、アイデアも浮かびやすくなるのです。

姿勢もそう。「私は今、正しい姿勢を意識してるんだ」「美の貯金をしてるんだ」と思うことで、気持ちに張りが生まれ、思考が前向きになります。

姿勢やウォーキングを意識するようになって、仕事や家事の効率が上がった、という生徒さんのなんと多いこと！　なんでもない日常動作に、あえて意味をもって取り組むと、いろんなことに意味をもって前向きに取り組めるようになるのです。

自分の意識だけではありません。姿勢がよいと、他人に与える印象もよくなります。背筋が伸びていると若々しく見えますし、エレガントで洗練された印象を与えます。

どんな状況でも、常に前向きに、エネルギーを高めて自分を楽しませることって大事だと思うのです。心がウキッ♪となれるなら、何でもＯＫ。

「あの信号まで、モデルさんみたいにキレイに歩いてみせる！」

「今夜はおいしいお肉を食べるぞ！」

些細なことでも、楽しんでやろうと思うと、気持ちがピッと上向きになります。

姿勢やウォーキングも、同じこと。なんでもないことでも、思考のスイッチを切り替えれば、毎日が楽しくなって、躍動感やエネルギーが身体からあふれ出てくるはず。

そして、普段から鍛えているからこそ、心の動きに身体がついてこられるのです。

美容、健康、ストレス解消、魅力アップに……、といいこと尽くしの肩甲骨ウォーキング。もう、やらないわけにはいかないでしょ？

基本の歩き方――スニーカー編

ここでは、基本の歩き方をマスターするために、スニーカーのように接地面が平らな靴を履いたときの歩き方を説明します。ポイントは、もちろん肩甲骨。背中で肩甲骨を寄せる意識を持って歩く。それだけで、ダイエット効果がバツグンなのです。

肩甲骨を引き寄せて、かかとから着地！ ベーシックウォーキングのコツ

①基本姿勢（P44）をとります。
基本姿勢をマスターすれば、見た目に美しいばかりでなく、筋肉を効率的に使うことができます。

②脚の付け根から前に踏み出します。

1本の線を挟むように、つま先とヒザを正面に向けたまま、まっすぐ前に踏み出します。左右のヒザを引き寄せるように内モモを意識して。

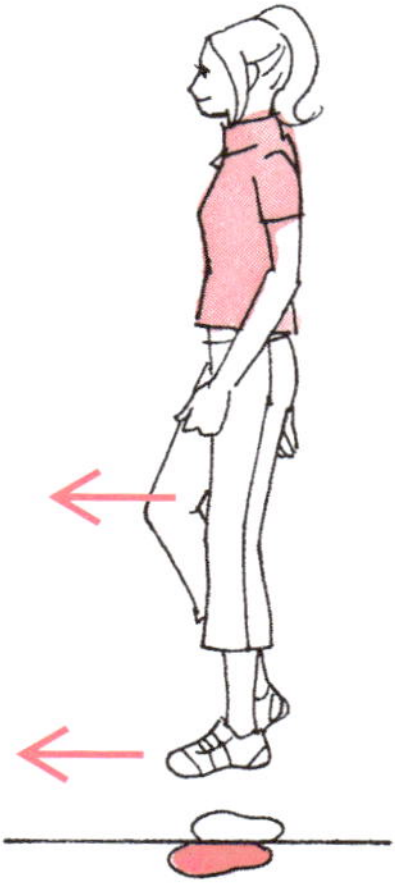

③腹筋で上半身を引き上げたまま、かかとから着地します。

腹筋を意識していれば、上体のバランスが整えられます。

着地するときは、つま先をしっかり引き上げて。

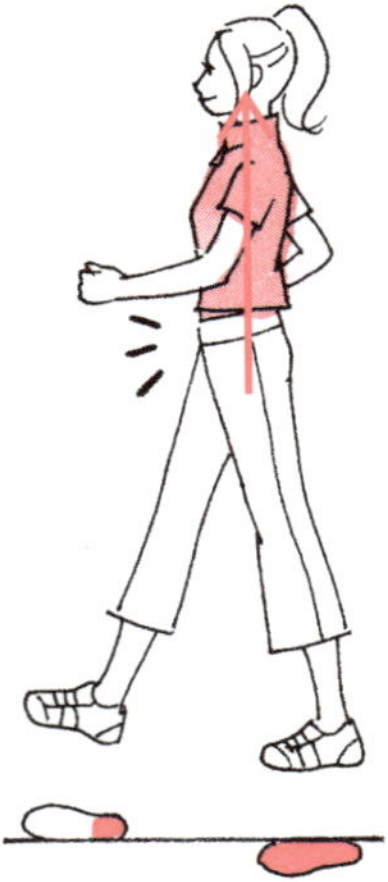

④親指と人差し指の付け根で押し出すようにして、後ろ脚を蹴り出します。

後ろ脚で蹴り出すときは、親指と人差し指の付け根で地面を押しながら、脚の内側の筋肉を意識します。このとき、必然的に後ろ脚のヒザの裏は伸びます。

かかととつま先の2点で上体を支えることで、インナーマッスルといわれる身体の体幹部を支える筋肉を効果的に鍛えることができます。

体を前後でバランスよく支えることが重要です。

⑤ヒップの筋肉を意識しながら、後ろ脚で身体を前に押し出します。

④の状態から、重心を前脚へ移します。

前脚に体重を乗せたら②から同じようにくりかえします。

腕の振りは、後ろに引くことを意識

ヒジはなるべく身体より前に出ないように。肩甲骨ごと後ろに動かすようにしてヒジを引きます。肩甲骨と骨盤は連動して動くので、ヒジを引くことで自然と骨盤が動き、足が前に出やすくなります。

歩幅は、「肩幅よりやや広め」を目安に。

両脚を肩幅よりやや広めにひらいて立ちます。
両かかとを支点にし、そのまま90度、右か左を向きます。その歩幅が目安です。
「身長－１００㎝＝歩幅の目安」ともいわれます。

こんな症状はＮＧ

✕身体が上下する……腹筋がヌケてしまって上体がブレている証拠です。頭の上にタオルを置いて、落ちないように意識して歩く練習を。

✕ヒザが上下する……関節がかたくて脚が伸びていない証拠です。関節をゆるめて、脚全体の関節を連動させて歩くと、ヒザの高さは一定のまま美しく歩けるようになります。

✕身体がだらしなく左右にゆれる……体幹部の力が抜けている証拠です。ぐにゃぐにゃゆれていると、美しくないばかりか腰を痛めます。上体を引き上げ、体幹部を整えて歩けば、ヒップをゆらして歩いてもキレイに見えるものです。

応用の歩き方――パンプス編

スニーカー編で基本をマスターしたら、パンプスでの女性らしい歩き方にも挑戦してみましょう。

パンプスは、女性の脚を美しく魅せるだけでなく、スニーカーより負荷がかかるため、正しく歩けば効果的に体幹部を鍛えられるというメリットがあります。

通勤・通学の時間をウォーキングに使わない手はありません。1日10分以上、実行するようにしましょう。1週間できっと変化があらわれます！

いつでもダイエット！　通勤ウォーキングで、みにくい脂肪を落とす

①　基本姿勢（P44）をとります。

ヒールが高くなると重心が前寄りになります。その分だけ、腹筋に力を入れて上体を引き上げ、正しいポジションにキープする必要があります。

パンプスで壁立ちをしたときも、壁と背中の隙間は手のひら1枚半が基本です。肩甲骨を寄せる意識も忘れずに！

②ヒザを正面に向けたまま、足の付け根から前に踏み出します。

ヒザ頭をつま先と同じ方向に向けて、内ももの筋肉を意識して、身体の中心に引き寄せます。線上に乗るように脚を運びます。

◎ヒザが正面を向いている

×ヒザが開いてガニ股に

③ 腹筋を意識して上体を引き上げ、土踏まずあたりに重心を置くように着地します。
つま先をやや外側に向けて着地します。慣れない人は体重が外へ流れやすいので気をつけましょう。ヒールのときは、ここで重心がいっきに前へ移動するので、腹筋で重心を引き上げておくことが重要です。

④ 後ろ脚で地面を押すようにして蹴り、体重を前脚に移動します。
後ろ脚を蹴りだすときは、親指と人差し指の付け根に力を入れます。このとき、後ろ脚のヒザは曲げないこと。

◎ヒザが伸びている

×ヒザが曲がっている

頭を引き上げて視線を落とさない

このとき、首の後ろの筋肉を引き上げるように伸ばし、アゴがあがらないように頭を支えます。

パンプスのときは、③はほんの一瞬で、②から④へいっきに重心が前へ移動します。よって、腹筋を意識的に使い、重心を真ん中に保つことが重要。また、靴底を見せないような足裏の体重移動がポイントとなります。

10分といえども、さまざまな筋肉を使って歩くので、慣れないうちは結構なエクササイズになります。慣れてきたら、徐々に時間を延ばしましょう。

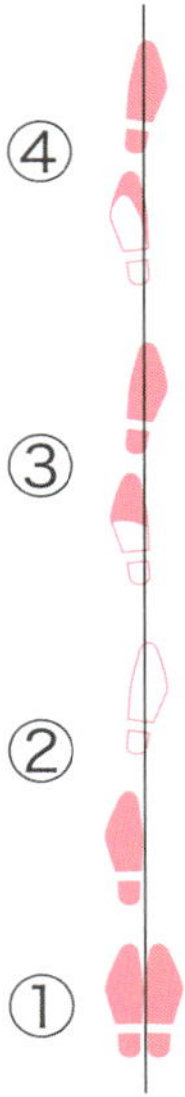

通勤ウォーキングに適したパンプス

□ヒールの高さは3～5㎝が理想。
ヒールは細いものより、安定性のあるものがベストです。
□甲の部分がフィットし、かかとがホールドされている。
ホールドの弱いサンダルやミュール、ヒールが10㎝もある高い靴でキレイに歩くにはちょっとした技術が必要です。
□土踏まずのアーチがフィットしている。

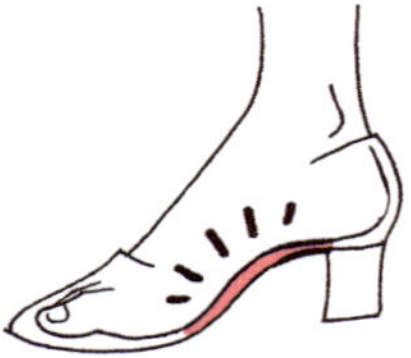

□足長（縦の長さ）と足囲（足の一番広い横の部分の長さ）の比率が合っている。
・足長＞足囲↓幅が細めの靴
・足長＜足囲↓幅が広めの靴　を選びます。
詳しくはＪＩＳ（日本工業規格）のサイズ・ワイズ表などで比率を調べ、自分に合った靴を選ぶとよいでしょう。
□履いたときに足指が伸びている。
とくに親指が上から押さえつけられていないことが重要です。
□歩いてみて、くるぶしやかかとがあたらない。

応用の歩き方――高いヒール編

ヒールのある靴は、重心が前にくる分、スニーカーに比べて上体を引き上げる力が余計に必要です。

また、スニーカーのときのような、かかととつま先の2点で支える瞬間がなくなるため、重心がいっきに前へ移動することに。その結果、腰が反ってしまい足腰を痛める人が多いのです。

ハイヒールのときも、肩甲骨&骨盤を意識して歩けば大丈夫

ヒールを履くときには、腹筋と背筋をしっかり使って重心を常に安定させることが不可欠。体幹部を鍛えるトレーニングだと思って、意識して歩きましょう。

ヒールが高くなるほど、足の横のアーチ（親指の付け根から小指にかけて）への衝撃が大きくなります。

横のアーチが崩れた「開帳足」の人は、足の裏の親指と小指の付け根の横のライン中央にタコができるのが特徴。これでは路面からの衝撃がダイレクトに身体に伝わってしまいます。インソールなどのトラブルを防ぐグッズを使用したうえで、上半身を引き上げて歩くよう意識しましょう。

靴選びもTPOが大事

見るからに華奢なパーティ用サンダルは、歩くためというよりも、車の送り迎えがあって、男性にエスコートしてもらうときに履くものです。とはいえ、美しい靴をステキに履きこなせるように、筋力をつけて身体をメンテナンスしておきたいところ。

通勤時などに、しっかり歩きたい人は、移動のときだけスニーカーに履き替えるのも手。靴は、服とのバランスだけでなく、1日の過ごし方に合わせて選びたいですね。

靴のタイプ別、歩き方のポイント

ヒールが高い靴は、かかとから角度をつけて着地するとバランスが崩れます。つま先を上げないよう、土踏まずに重心がある感じで、ゆっくりとかかとを置くように着地します。ヒールが細いと見た目は女性らしく見えますが、重心が定まりにくいため、体幹部を意識する必要があります。

⊙サンダル

足首がホールドされていると、足裏とインソール（中底）が離れないので、比較的、脚の運びがおこないやすいといえます。足首にストラップがない場合は、甲の部分がフィットして、ホールド力が高いものを選んで。

◈ミュール

ストラップでホールドされていないので、重心が取りにくいです。足裏とインソールが離れると、ヒールの部分が地面に当たる衝撃が大きいため、歩くたびに不快な音が出がち。親指と土踏まずを意識して、しっかりとインソールを足裏に引き寄せて歩くと、音を出さずに歩けます。

◈ウェッジソール

ヒールの高さがあっても、接地面積が広いため、バランスを取りやすく比較的歩きやすいです。立ち仕事の方、営業で歩く機会が多い方、お子さんとご一緒の方でエレガントに見せたい方にはとくにオススメします。

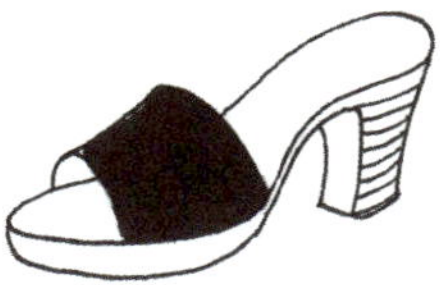

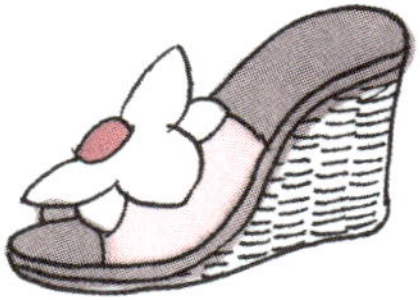

階段の上り下りでも、美ラインはつくれる

上り

骨盤を立てたまま、前脚を引き上げ、後ろ脚のヒザを伸ばしてしっかり押し出します。おしりを突き出して身体が前に倒れやすいので、腹筋で上体を引き上げて背筋を伸ばすよう意識して。

下り

つま先から真下に脚を下ろします。

下りるときこそ、上体をまっすぐにし、骨盤をグッと引き上げることを意識して。

真下を見ると猫背になるので、なるべく鼻先は正面に向けたまま鼻の両サイドから視線を落とすように。とはいえ、無理をせず安全に下りることを優先してください。

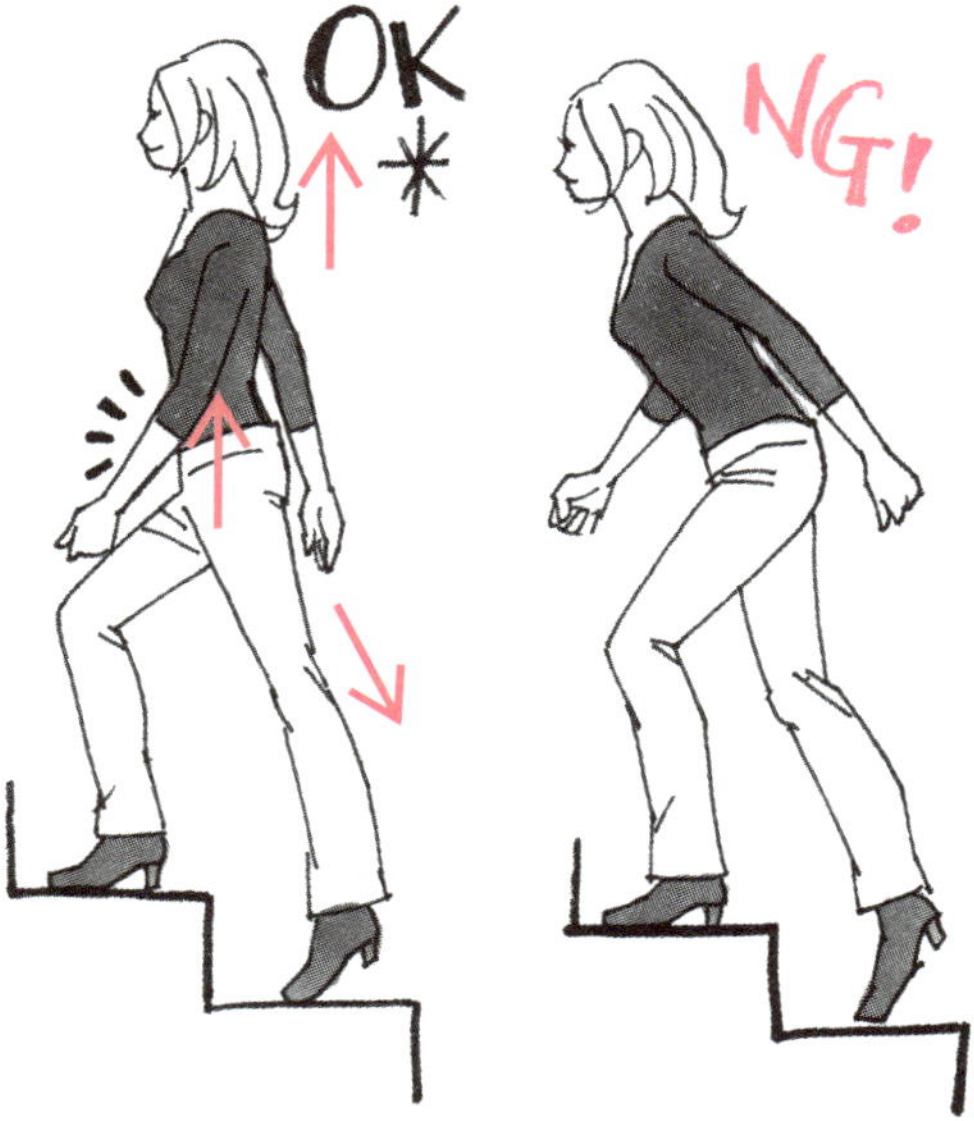
OK
NG!

もっと知りたい！
肩甲骨ウォーキングQ&A

Q・1 最初はどのくらいから始めればよい？

A ウォーキングは、意外に運動強度が高いんです。

年齢や体重により個人差がありますが、私が提唱するウォーキング法でおこなえば、息がはずむ程度の速度だと基本的に30分で180kcal（ご飯約1杯分）を消費します。ダラダラ歩くだけでも消費カロリーは80kcal。慣れないうちは、基本姿勢を意識するとキツくて長くは歩けないものです。

ですから、**最初は横断歩道1個分くらいで十分。**

それを、「あの曲がり角まで」「次の駅まで」と少しずつ伸ばしていけばよいのです。

通常、一般女性は1日平均3000～3500歩、歩くといわれます。

まずは1日5000歩を目標にしてみてはいかがでしょう。

次に7000歩、9000歩と、2000歩ずつ増やしていき、1万歩の壁を越えられるようになればベストです。

まずは、歩数計を持ち歩いてみてください。スマートフォンの歩数計アプリでもOK。運動の目安になる上、数字が張り合いにもなってオススメです。

Q2 ダイエットのためには20分以上歩かないとダメ？

A 以前まで、「有酸素運動は20分以上続けないと脂肪燃焼効果が得られない」といわれていましたが、最近では**20分にこだわる必要はなく、細切れの運動でも効果がある**といわれています。
通勤ウォーキングだと、駅まで10分歩いても、電車で座らずに姿勢を意識して立っていれば、かなりの消費になります。

Q3 歩いていてヒザが痛くなりました。どうしたらよい？

A ウォーキング時、足には体重の数倍の負担がかかるといわれています（歩幅や歩く速度などの条件によって異なります）。悪い姿勢で歩くと、ヒザにも当然、負担がかかります。特に筋力が弱いほうのヒザを痛めがちです。

痛みにも3種類あります。

①筋肉がしっかり使われたために起こる、よい痛み。
②過度に使用し、疲労して生じる痛み。
③間違って使用し、傷めてしまった痛み。

よい痛みだったとしても、筋繊維が傷んでいるので、回復するまでに48時間程度必要です。痛みがあるときは、氷で冷やす（アイシング）などして様子を見てください。場合によっては、専門機関で早めに診断を受けましょう。

ダイエットをくりかえす女性に多いのですが、カルシウムが不足して骨密度が低下していたり、グルコサミンやコンドロイチン、コラーゲンなどが不足して関節に痛みが生じる場合もあります。こうした栄養素も不足しないよう心がけましょう。

Q4 どんな靴を選べばよいですか？

A 通勤ウォーキング用のパンプスについては、P128の説明をふまえてお選びください。
1日30分以上、本格的に歩く場合は、ウォーキング専用シューズがベスト。衝撃が吸収されるようなカカトの構造になっているなら、ジョギング用でも問題ありません。

シューズを選ぶ際には、次のことをふまえて自分に合った履き心地のものを選びましょう。
□必ず両足で試着をする。
□片足立ちで体重をかけたとき、つま先に1〜1・5cm程度のゆとりがある。
□足指の付け根部分がきちんと曲がる。
□足を動かして、くるぶしに靴のふちがあたらない。
□使用時同様、紐をしっかり結び試着。

Q5 いざ歩くとなると、一度にいろんなことを意識できません。

A 最初から全部できなくてもOK。

「今は腹筋と背筋を意識して、上体を引き上げることに専念しよう」

それで慣れてきたら、

「次は肩甲骨を意識して腕の振りを加えてみよう」

こんな感じで、1個1個確認していくのでも構いません。

そこを意識すると歩き方がどう変わるのか、感覚を身体で覚えていきましょう。

無意識にただ歩くのではなく、「今日はここを意識してみよう」と、常に目的意識を持って歩くことが大切です。

バランスよく歩けるときの感覚を身体に染み込ませましょう。

Q.6 自分のフォームが正しいのか、不安です。

A 正しいフォームで歩けているときは、上体が引きあがって重心が上にきているので、脚の運びがスムーズなはず。身体への負担をあまり感じないので、いつまでもこのまま歩いていたいような、そんな気分にすらなります。
逆に、間違ったフォームのまま歩くと、それが悪いクセとなり、場合によっては骨格をゆがませる原因になることも。

どうしてもご自分のフォームに自信がない場合は、ウォーキング教室などで、ウォーキングのプロに一度診断してもらってはいかがでしょう。

歩くことは、一生に関わること。正しい歩き方を知っておいて損はないと思います。

Q.7 コルセットをつけて歩くと、上体が引きあがってよいのでは?

A 身体を締め付けるコルセットは、血行を悪くして、酸素が行き渡らなくなるので、全身運動の効果が期待できなくなる可能性が……。

最近では、歩行時に使ってほしい筋肉を刺激することで、運動効果を高める**ウォーキング用インナー**が発売されています。ガードルタイプだと、実際に歩幅が広くなるというデータも出ているほど。血行を阻害しないように設計されていますので、こうした市販品を効果的に使うのもよいと思います。

私が姿勢やウォーキング用にプロデュースした「トリプルハンドトップス」なども

よかったら試してみてください。腹筋を地道に鍛えて、筋肉で天然のコルセット効果が得られるまで頑張りましょう！

Q8 脂肪燃焼に効果的な歩き方はありますか？

A まず、タイミングという点からお話しします。

「たくさん食べたから消費しなくちゃ！」と、食後すぐに運動をされる方がいますが、食後だと、食べたもののエネルギーを先に消費するので、脂肪が燃えるまでに時間がかかります。消化にも悪いので、食後20分は運動を控えて。

脂肪燃焼効果を期待するなら、**運動は食後より食前が理想的**です。血糖値が低いときに歩くほうが脂肪は燃えやすいのです。

ただし、無理なダイエットのために低血糖でフラフラの人が、空腹時に歩くのは危険！ **良質なタンパク質や野菜を多めに、バランスのとれた食生活**を心がけてください。体調の悪いときは、無理をしないで。

歩幅を広くして速度を上げると、運動強度は高まります。

でも、大事なのはフォーム。強度を上げようと無理して歩くと、筋肉が正しく使われないばかりか、腰やヒザを痛めてしまいます。

ゆっくりでもいいから、上体をしっかり引き上げて、筋肉を正しく使ってください。

競歩の選手は相当なトレーニングを積んでいるから、あの歩き方ができるのです。素人が真似をすると故障につながります。

Q9 歩いていると、いつも片方の足でつまづきます。

A もしかすると、脚の長さに左右差があるかもしれません。骨盤がゆがみ、左右差がある可能性があります。
骨格がずれたまま歩くと、身体の余計なところに負担がかかり、ゆがみの悪化につながります。P26の「ゆがみチェック」で著しいゆがみが判断された場合は、一度専門家に診てもらい、骨格矯正をしてからのほうがよいでしょう。

Q10 今までなんともなかったのに、脚が筋肉痛になりました。

A 正しいフォームを意識して歩いた初日は、かなりの人が筋肉痛になっています。

普段使っていない筋肉が使われた証拠です。

それだけ、無意識のときとでは歩き方が違うのです。

下半身の動きがおかしいときは、上半身を見直してみてください。

下半身で重心を取っていると、足腰の動きが不自然になりがち。腰で重心をとらず、重心を胸に置いてください。こうすることで、下半身がラクに動くようになるはずです。

身体はつながっているので、別の部位からアプローチすることも一つの手なのです。

基本の座り方
――美背中は正しい座り方で決まる

正しい座り姿勢で、肩こりをなくして印象もアップ

座った姿勢は、立ったときよりも腰や背中に負荷がかかるといわれています。

ですから、長時間悪い姿勢で座っていると、肩こり・腰痛を引き起こしたり、身体にゆがみを生じさせる大きな原因になっていることが多いのです。

身体の負荷を軽くするには、**立ち姿勢と同様、〝骨盤を立てる〟ことが重要**です。

オフィスでは座っている時間が長いもの。姿勢には、仕事への取り組み方、つまり「心の部分」があらわれます。ただし、同一姿勢をとり続けることは身体にかえって逆効果。休憩時間にリフレッシュして、NG動作をなるべく減らして過ごしましょう。

座るときは、骨盤を垂直に立てることを意識します。そのためには、イスには深く座らず、背もたれにもたれないこと。ヨコから見て、耳、肩、骨盤、ヒジが一直線になっているのが理想です。

骨盤が後ろに倒れている。

美ラインのつくり方
――常に美しく魅せる、2点揃えの法則

姿勢のトレーニングは、意識しようと思えばどんなときでも取り入れられます。
基本姿勢を少し崩して、魅せるコツをマスターすれば、何気ない振る舞いに、より女性らしさを醸し出すことができます。

忙しいときこそ、いったん心を落ち着けて、形だけでも取り入れてみる……。
そうすることで、心にちょっとした余裕すら生まれるものです。
昨日、美しい振る舞いを30秒意識したなら、今日は1分やってみる。
そうやって、美人でいる時間を少しでも長くしていきましょう。

美ラインを出すポイント

□身体の軸を保つ。
□骨盤を立てる。
□上体を引き上げる。
□脇をしめてヒジを引く。
□ねじりを加えてシンメトリー（左右対称）を崩し、曲線をつくる。

これらの基本に加え、応用編として「2点揃えの法則」があります。

それは、

「姿勢を崩しても、耳・肩・ヒジ・骨盤のうち、2点以上タテのライン上に揃っていればOK！」

というもの。ファッション雑誌で、モデルさんのポーズを確認してみてください。

たいていのポーズが、この法則にあてはまっているはずです。

日常動作を美しく見せる

2点揃えの法則

椅子に座ったとき

骨盤と肩をライン上に揃えたまま、上体にねじりを加えます。

立っているとき

片足に重心をのせて「休めの姿勢」をとっても、ヨコから見て、耳、肩、骨盤が一直線に揃って、身体の軸が出来ていれば、きちんとした印象に見えます。

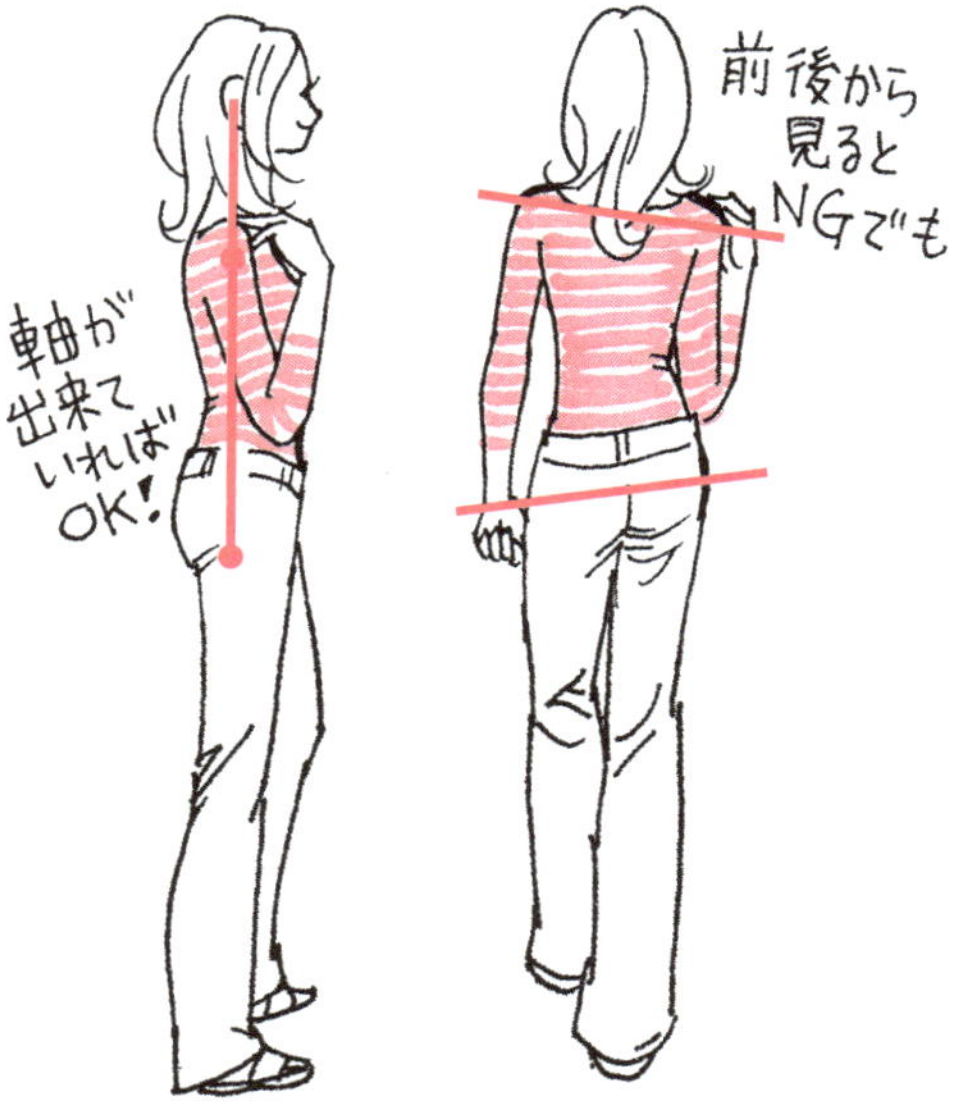

美ラインのつくり方――女性らしい座り方

脚を組む

「脚組み」はゆがみの原因になるのでよくないのですが、誰しも脚組みをすることはあるもの。せっかくなら、キレイに魅せましょう。ポイントは、ヒザから下を平行に揃えること。ヒザとつま先の向きはなるべく揃えます。

脚を組む

◉脚を斜めに流す

骨盤を立てて座ったら（P143）、足元は、左右どちらかに流します。
ヒザとつま先の向きを揃えると、足先までキレイに整った印象に。

◉骨盤ごと脚を組む

右脚を上にして組むなら、右のおしりを浮かせて骨盤を斜めに。右の内ももを意識して、骨盤ごと引き上げるようにすると、ヒップラインがキレイに見えます。

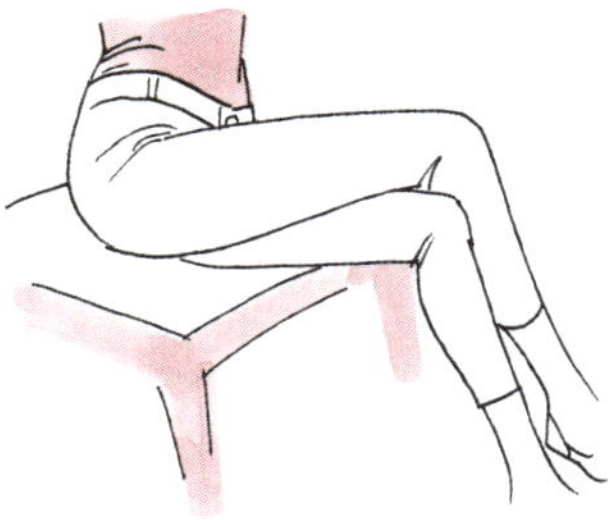

◉骨盤ごと脚を組む

◉脚を斜めに流す

◉カジュアルに座る

カジュアルなシーンなど、パンツスタイルで脚をひらいて座るときも、骨盤が立っていればだらしない印象には見えず、颯爽とした印象に。

脚は左右対称にひらくと堂々としすぎるので、前後にズラしてねじりを加えて。

◉ソファに座る

座面が低く、奥行きが深いソファの場合、深く座ると骨盤が後ろに傾いてしまいます。骨盤を立てて座るには、浅く腰掛ける程度に。背中にクッションなどを入れて調整しましょう。脚は、ヒザから下を揃えて斜めに流すとキレイです。

◉後ろを振り向く

座ったまま振り返るときは、首だけ回すのではなく、上体ごとねじって後ろを見ます。

◆カジュアルに座る

◆ソファに座る

おわりに――自分が目指す「美の基準」をダイエットの目標に

あなたはどんな身体に憧れますか？

タレントさんで好きな身体の人っていますか？

背中フェチの私としては、女性の背中に目がいきます。

この間、40代の今でも輝いている元アイドルタレントの、20代の頃の写真を見たのですが、これがぷりっとしたかわいい背中！　丸いけれど、男性はこういう背中が好きだろうな、と思いました。

でも、女性はもっと、立体的な背中を好むのではないかしら。

肩甲骨って、日頃から意識していないと出せないものです。若い人のほうが、肩甲骨は動くから出せるはずなんですが、昨今は姿勢の悪い若者が多いから、若いのに肩甲骨がさびついた状態になっていて、老けて見える人がなんと多いこと！

40代を超えたある女優さんにお会いした際に、その後ろ姿の美しさに見ほれました。彼女は日々姿勢に気をつけて、エクササイズをし、自分でちゃんと鍛えていたから、40歳を過ぎても美の貯金がすごい。

「健康こそが美しさの秘訣」という彼女は、毎日エクササイズを欠かさないのだそうです。その、自分自身の身体と向き合う姿勢は、さすがだと思います。

30代以上の女性で肩甲骨が出ている人は、「若さ」に迎合しないで、しっかり、身体のメンテナンスをしているということ。そうそういませんよ。

30代以上で出てくる肩甲骨は、美意識のあらわれ

だから、若さゆえに出ている10代20代の肩甲骨とはわけが違う！

30代以上でメンテナンスの行き届いた女性は、肩甲骨だけではなく、身体全体がピカピカなはずなんです。

先述した彼女の場合は、年齢を重ねても変わらぬ美貌がウリの女優さん。したがって、並々ならぬ努力をされていることでしょう。

これが同じ女優さんでも、独特の存在感で個性的な役を演じさせたらこの人の右に出るものはいない、といわれるような演技派女優であれば、刻まれたシワの1本1本や、歳相応のボディラインのほうがリアルな説得力を生むこともあります。


つまり、**その人の個性によって、求める美も違って当然**ということ。

一般の人が、モデルの仕事をしているわけでもないのに、モデルさんみたいに細くなろうとする必要はないのです。人生において求める「美」が異なるわけですから。

もちろん、美しいモデルさんの背中をイメージしてエクササイズをすることは悪いことではありません。脳でイメージして行うと効果も上がりますから。

でも、まじめな人ほど、ストイックになりすぎて、自分の人生を見失いがちな傾向に。

美しくなることはよいこと。だけど、追求しすぎて生活に必要以上の制限を加え、楽しむことを我慢したりするのはどうかと思います。

あくまでも、美しさは、人生を楽しむためのエッセンスなのですから。

100人いたら100通りの美の形がある

女優さんには女優さんの求める美があるように、モデルさんにはモデルさんの美、ニューハーフには彼女たちなりの美がある。

仮に、御主人のために、お化粧しておしゃれして美しくありたいと願う100歳の人がいたら、たとえシワシワでも、美しいんじゃないかしら。

美しくなることは、絶対に、どんな人にとっても、人生を豊かにしてくれるもの。

自分を見失ったら、努力の意味もなくなります。誰かの真似なんてする必要ありません。

美しさの基準は、自分で決めてほしい。

美しさが、人生を楽しむためのエッセンスとなるには、自分の身体を自分で養っていくことが大切です。「昨日の自分より、今日の自分のほうがいい」とか、そういうマインドでいてほしいのです。

自分だけの基準ということでは、**私は常に足首のサイズを測るようにしています。**

体重計ではなく、足首のサイズでそのときの身体の状態を判断するのです。


本書は、身体が健康で健やかに機能するためのボディーバランスを提案しています。

骨格や筋肉が機能的に動くことは、年齢も性別も職業も関係のないこと。

健康で美しくあるための基本が書かれています。

この基本に、あなたのライフスタイルを組み合わせて、あなたのペースに合わせて、あなたならではの「美」を養っていただきたいのです。

本書を、あなたの「美」を養うパートナとして活用していただけたら幸いです。

「子は親の背中を見て育つ」という言葉があるように、背中ってその人の生き様が表れる部分だと思うのです。

あなたの人生の選択をあなた自身にしてほしい。

美の基準も自分で選んでほしい。

そんな意思を持った人こそが、肩甲骨にまで意識がいくのです。


本書を読み終わり、肩甲骨の大切さがおわかりいただけましたか？

「動かしてみたい！」と思っていただけたら、この上なく幸せです！

本来は、実際にお会いして直接レッスンさせていただくことが私のお仕事。でも、このように書籍を通して、肩甲骨や姿勢、ウォーキングに興味を持っていただき、みなさまの美と健康のお役に立てる機会をいただけたことに心より感謝いたします。

本書は、約10年前に出版したものの文庫化です。文庫化のお話をいただき、今またこのメソッドが、みなさまのお手元に届くチャンスをいただき、たいへん嬉しく思いました。

最初に書籍化してくださった青春出版社の武田さん。そして、それを掘り起こしてくださった手島編集長。バトンを受け取ってくださった石井さん。また、海外でも出版をしてくださったスタッフのみなさま。信頼できる編集者とともにつくってきた書籍を一人でも多くの方の手に届けたいと願ってやみません。
この書籍を通じてみなさまとご一緒できたことに幸福を感じながら、また、次のレッスンへと向かいたいと思います。次は、レッスンでお会いしましょう！

長坂靖子

2018年9月

青春文庫

肩甲骨《けんこうこつ》リセットで「背中《せなか》」と「おしり」が面白《おもしろ》いほどやせる！

2018年 9 月20日　第 1 刷

著　　者　長坂靖子《ながさかやすこ》
発 行 者　小 澤 源 太 郎
責任編集　株式会社プライム涌光
発 行 所　株式会社青 春 出 版 社
〒162-0056　東京都新宿区若松町 12-1
電話 03-3203-2850（編集部）
03-3207-1916（営業部）
振替番号　00190-7-98602
印刷／中央精版印刷
製本／フォーネット社
ISBN 978-4-413-09705-5